中国戏曲学院青研班20周年名家访谈

谢柏梁　吴新苗　主编

中国文联出版社
http://www.clapnet.cn

图书在版编目（CIP）数据

中国戏曲学院青研班 20 周年名家访谈 / 谢柏梁，吴
新苗主编. -- 北京：中国文联出版社，2018.12
　ISBN 978-7-5190-3929-5

　Ⅰ．①中… Ⅱ．①谢… ②吴… Ⅲ．①京剧－戏曲演
员－访问记－中国－现代 Ⅳ．①K825.78

中国版本图书馆 CIP 数据核字(2019)第 001476 号

中国戏曲学院青研班 20 周年名家访谈

作　　者：谢柏梁 吴新苗	
终 审 人：朱彦玲	复 审 人：周劲松
责任编辑：张凯默	责任校对：刘成聪
封面设计：杰瑞设计	责任印制：陈　晨

出版发行：中国文联出版社

地　　址：北京市朝阳区农展馆南里 10 号，100125

电　　话：010-85923060（咨询）010-85923000（编务）010-85923020（邮购）

传　　真：010-85923000（总编室），010-85923020（发行部）

网　　址：http://www.clapnet.cn　　　　http://www.claplus.cn

E－mail：clap@clapnet.cn　　　　panshijing@clapnet.cn

印　　刷：北京虎彩文化传播有限公司

装　　订：北京虎彩文化传播有限公司

法律顾问：北京市德鸿律师事务所王振勇律师

本书如有破损、缺页、装订错误，请与本社联系调换

开　　本：710×1000	1/16
字　　数：185 千字	印　张：15.75
版　　次：2018 年 12 月第 1 版	印　次：2018 年 12 月第 1 次印刷
书　　号：ISBN 978-7-5190-3929-5	
定　　价：50.00 元	

CONTENTS

目　录

于魁智访谈

采访撰稿：李俊蓉　冀梦娇

采访背景

  我们是在国家京剧院排练厅见到的于魁智老师，彼时，他正在准备着2019年赴台湾地区的演出。还未走近，便已经听见他极具标识度与感染力的声音。当天正在排练的是京剧经典剧目《失·空·斩》，于魁智老师饰演的诸葛亮不仅有着谋臣名士的潇洒风骨，更具鞠躬尽瘁、忧国忧民的厚重气度。

  排练场上，于魁智老师穿着一套黑色练功服，踩着一双白球鞋，和大众印象中的他一样，头发梳得一丝不乱，精神奕奕，与排练厅的环境融为一体。排练过程中，时不时停下来和其他合作者进行交流，细节之处，无不见其认真、精致的艺术态度。

  直到一场戏排完，众人散去，他搬了椅子招呼我们坐下。待他娓娓道来时，我们才发现，他的精气神儿里，其实藏着一丝疲态——他已经为他所挚爱的这份事业，奋斗了四十七个年头。

  1961年，于魁智出生于沈阳，不满十岁的他步入了沈阳京剧院学员

班，自此走上京剧道路。

在学员班坐科期间，于魁智师从黄云鹏、杨元咏、姚世茹等多位前辈名师，打下了良好的文武基础，也凭借着优秀的天资禀赋和刻苦踏实的学习态度，获得了师长们的垂青——他不仅在十三岁那年便担纲儿童京剧《大橹歌》的主演，就连挨打时的板子上都写着"于魁智的好朋友"。这份培养人才的良苦用心，可见一斑。于魁智在沈阳度过了六年学艺时光，学京剧的过程中，他逐渐被艺术的魅力所打动，从最初只为减轻家庭负担的被动学习，逐渐转变为想要探寻艺术奥妙的主动学习了。

1978年，从学员班毕业后，于魁智也顺理成章地走上了工作岗位。此时恰赶上京剧传统剧目的恢复上演，这对他来说无疑是一个相对陌生的领域。没有用武之地的于魁智，只能日复一日地跑龙套。

沈阳京剧院排演《十五贯》，前辈老师饰演主角况钟，他却只能在后面"戳大岗"。剧中况钟的一句唱词"急在心、愁在面、坐立不安"，仿佛戳中了于魁智当时的心事，这个看似一动不动的"青袍"，内心却已是风起云涌。

不想当将军的士兵不是好士兵。于魁智不愿安于现状，亦不愿甘于平庸。他软磨硬泡拿到进京介绍信、躲过军代表"追查"、站了十余个小时的火车，来到首都北京，报考中国戏曲学院。这段激情燃烧的岁月，使他每每回忆起来都不禁动情。

考取中国戏曲学院成为于魁智人生道路上最重要的转折点。而他最终

中国戏曲学院青研班

20 周年
名家访谈

也不负众望，拼搏奋进，成为了母校中国戏曲学院的骄傲。

于魁智说，在中国戏曲学院学习期间，是他最辛苦的日子。四年的学习，他在宿舍的时间比别人都少，早上5点半之前就已经离开，晚上10点半之后才回来休息。至今，他都能回忆起隆冬清晨，他站在学校主楼墙角旁若无人练声时的情境。当时的他有两套"三大件"的主要道具，拎着暖壶、水杯、剧本奔琴房吊嗓，或者

拎着褶子、髯口、厚底靴奔教室练功。就是这样的简单、清苦、日复一日，于魁智度过了四年学习时光。

1982年，于魁智从中国戏曲学院毕业。毕业公演在鲜鱼口的前门大众剧场进行，六场公演，他一个人主演了五场。而他填写的三个毕业志愿，亦是不给自己留任何退路——中国京剧院、中国京剧院、中国京剧院。当然，兼具天赋与勤奋的他最终如愿以偿。

进入中国京剧院工作的于魁智，不再是学校里那个备受呵护的"优等生"，离开校园、走向社会，他成为了一名普通的青年演员。在强手如林的国家级院团，他更是卧薪尝胆，自我锤炼，等待着大鹏展翅的明天。终于，一次意外的救场，出色完成"钻锅"任务的于魁智，被京剧艺术大师袁世海先生等前辈关注、提携、呵护，自此崭露头角。

此后的于魁智，便如同大众所见，得遂青云之志。他囊括诸多奖项、排演新戏创作角色、将京剧唱响在祖国大江南北、世界各地，并于1998年

重回母校，进入第二届青年京剧演员研究生班学习深造。

人们看见的，是于魁智逐渐成为当代京剧最具影响力与代表性的演员之一，光彩夺目。而人们看不见的，是他自八十年代以来抵抗外界诱惑，守住清贫的寂寞；是他牺牲个人生活爱好甚至家人团聚，为了事业夙兴夜寐的操劳；是他在继承、传播戏曲时，面对外界质疑的困惑与忧思。日换星移，"京剧"二字，从饭碗变成事业，又逐渐成为于魁智心中的使命与责任。

继承传统剧目的同时，他还创排了诸多新编京剧，塑造了许多像袁崇焕、张学良、蔡锷这样的英雄形象，这些人物经由于魁智的艺术创作，有血有肉地立于舞台之上，也圆了他自小便有的英雄梦。而在京剧的传播方面，于魁智始终不懈努力，无论是送戏进校园，还是出访世界各国，或是用"京歌"的形式争取更多新观众，他都不遗余力，成为无数青年人走入京剧大门的"引路人"。

如今的于魁智，已近耳顺之年。事业正处于鼎盛时期、却辞去一切行政职务的他，依旧在为京剧事业奔波操劳。他的奋斗故事，也激励着后来的国戏学子们更加刻苦奋进。许多戏曲界后辈、乃至各行各业的戏迷观众，在于魁智身上都能够感受到"榜样的力量"，这正是因为他前进的脚步始终坚定。在他不忘初心、砥砺前行的追梦路上，从未有过放弃和懈怠，以强大的内心和淋漓尽致的姿态，成就了最好的自己。

问：您在"青研班"学习过程中，有什么心得可以和大家分享？

　　首先当然非常荣幸，中国戏曲学院是戏曲艺术的最高学府，是我毕生感激、热爱的母校。我1982年从这里毕业，在国家京剧院工作十六年之后，再次回到母校深造。经过十多年的舞台实践，我发现自己当初掌握的专业技能、理论知识、艺术修养等方面还远远不够，满足不了国家、时代、观众对我的要求，恰好在这个时候，赶上了青研班的举办，非常之幸运。通过三年的学习，首先在理论知识方面得到了补充、提高，诸如导演阐述、剧本导读、艺术概论这样的课程，弥补了自己的不足，对我后来排演新戏、创作新角色有非常大的帮助。同时，青研班不仅使我积累了一批优秀的剧目，更为我们搭建了良好的实践平台，为今后的艺术发展起到了积极作用，我们这一届班级的演出机会很多，同学们之间也不断交流、相互学习，对演员的成长、观众的认知起到了极大的推动作用。另外，还为我们创造了很多学习观摩姊妹艺术的机会，让我汲取了许多养分。这三年对我来说是一次非常难得的深造、再提高的机会。我发自内心觉得青研班的创立可谓"功在当代、利在千秋"，也真切祝愿母校越办越好，培养出更多的优秀人才。

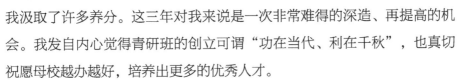

问：当前的戏曲教育中，学生在不同阶段反复学习相同剧目的现象有很多，请问您对此如何看待？

　　同样的戏，在附中到本科、再到研究生不同阶段学习的体会是不同

005

于魁智访谈

的。随着自身阅历的增长，对技巧的把握、人物的理解也都会有所提高，所以经典剧目的重复上演不见得是一件坏事。比如刘秀荣老师的《白蛇传》、杨秋玲老师的《杨门女将》等，几代人都在传承，不仅成为教学范本，更是成为各个院团的保留剧目，在世界各地演出也都受到欢迎，至今仍是经典。当然，我们的传统剧目也要适应时代的发展，当代观众欣赏水平的不断提高、青年观众的不断涌现，也使我们艺术呈现的面貌、方式与过去有所不同。

问：如今现实题材的创作成为热潮，您也排演过许多现代戏，您在这些创作过程中有什么体会？

京剧有很多的经典现代戏，当年的艺术家们都有着非常深厚的传统戏功底，所以我坚持认为传统是根。创作现代题材、现实题材，一定要有传统戏作为基础。现代戏最重要的就是刻画人物，当我们有了传统的根基之后，再进行人物的创作，就有的放矢了。时代在发展，时代在前进，像梅兰芳这样的艺术大师，当年也进行了很多探索，甚至是大胆的创新与改革，让京剧艺术充满美感地出现在舞台上，所以我们至今对他仍然充满敬畏。我们现在处在新的时代，所有的艺术作品必须跟上时代步伐，颂扬真善美，尤其是我们国家院团的剧目创作，不仅要具有艺术性、观赏性，更要具有思想性、教育性。所以说现代戏创作是新时代的要求，一个新剧目的创作是否成功、是否得到认可，既需要时间的考验、观众的品评，更需要创作者不断地打磨完善。我在创作每一部新戏的时候，从不奢望一炮而红，我充分享受整个创作、思考和磨练的过程。这个过程虽然辛苦，但是我感到无比的幸福。

于魁智访谈

问：接下来您在艺术上有什么计划？

其实我没有太远的规划，到我现在这个年纪，更多地就是想静下心钻研艺术，将眼前的每一件事做好。我现在每年都有上百场的演出，要努力去完成、推广，以及争取每年能有新作品。近些年来，我拍摄了几部京剧的数字电影，将会陆续推出，希望在自己的精力、体力、嗓音状态都尚可的情况下，多排一些作品，多留一些资料。

问：您在传承方面有什么打算吗？

传承京剧艺术是我的责任和使命，"传帮带"是我们京剧界的优良传统，我本人就是在前辈艺术家"传帮带"过程中不断成长起来的，今后我也会秉承这一点，因为传承是我必须要做的工作。

简介

于魁智，回族，著名京剧表演艺术家，中国国家京剧院国家一级演员，研究生学历，中国戏剧家协会副主席，享受国务院颁发的政府特殊津贴。

1961年出生于沈阳市，1972年考入沈阳京剧院学员班，1978年毕业，同年9月考入中国戏曲学院，1982年毕业后进入中国京剧院（中国国家京剧院前身）工作至今，2001年毕业于中国京剧优秀青年演员研究生班。师承黄云鹏、杨元咏、叶蓬、李世霖、王世续、何金海、孔雁、刘福生、李鸣盛、茹元俊、祝元昆等前辈艺术家。2009年，拜戏曲教育家叶蓬为师。

2001年至2010年，任中国国家京剧院一团团长。2010年3月，任中国国家京剧院副院长、艺术指导。2018年2月，任中国国家京剧院艺术总监。

先后任中国共产党十六大、十七大、十八大代表，第九届、十届、十一届全国政协委员，第十一届全国政协科教文卫体委员会委员，第十二届全国人大代表，中国文联全委会委员，文化部青联主席。曾获得第十二届中国十大杰出青年、全国杰出专业技术人才、全国五一劳动奖章、全国德艺双馨文艺工作者、全国宣传文化系统"四个一批"人才、华鼎奖暨中国演艺名人公众形象评选（戏剧类）第一名、"讲好中国故事文化交流使者"、"大国非遗工匠文化大使"等多项殊荣。

长期坚持对京剧艺术执著追求，努力继承传统，不断开拓创新，倡导强强联合，力推精品佳作。代表剧目有《杨家将》《失街亭·空城计·斩马谡》《伍子胥》《四郎探母》《打金砖》《野猪林》《将相和》《满江红》等经典流派剧目，并创作排演了《大唐贵妃》《袁崇焕》《风雨杏黄旗》《梅兰芳》《走西口》《赤壁》《知音》《丝路长城》《西安事变》《帝女花》等新创剧目，形成了自己严谨规范、清新流畅、自然洒脱的表演风格。

1987年荣获首届全国青年京剧演员电视大赛最佳表演奖；

1989年荣获第七届中国戏剧梅花奖；

1991年荣获全国中青年京剧演员电视大赛最佳表演奖；

1993年荣获梅兰芳金奖；

2003年荣获中国金唱片奖；

2008、2016年两度荣获国家舞台艺术精品创作工程奖；

2010年荣获中国文化艺术政府奖——文华表演奖；

2016年荣获第十五届中国文化艺术政府奖——文华大奖；

2017年荣获第十四届精神文明建设"五个一工程"奖。

2004年，首次将国粹京剧唱响在世界音乐之都——维也纳金色大厅，开京剧艺术之先河。

多年来，足迹遍及祖国大江南北，并数十次率团赴亚洲、非洲、欧洲、美洲、大洋洲各国以及香港、澳门和台湾地区演出，赢得海内外广大观众的热情赞誉，为传播中华文化做出卓越贡献。

◆注：所有照片均由受访者提供

李胜素访谈

采访撰稿：王文照　冀梦娇　李俊蓉

采访背景

　　采访李胜素老师是在初春时节，和李老师敲定时间后，我们如约来到京剧院探访。彼时国家京剧院一团正在为第二十三次访台演出做紧锣密鼓的排练。尽管工作任务繁重，李老师依然爽快地答应了我们的请求，配合我们完成了这次采访。言谈之中，李老师不时扬眉浅笑，忆及学习经历，神色恬淡平和，笃定而真诚。

　　据李老师讲，她最初学戏，是在当地县里的豫剧团，团中条件简陋，甚至没有练功房，她就在土地上翻跟头、练基本功，有几次甚至摔晕过去，可醒过来依旧继续苦练。后来，她凭借着扎实的基本功顺利考入了河北艺校，并且成为了那年县里唯一一名被河北艺校录取的学生。

　　1986年，李胜素从河北艺校毕业，转年，初出茅庐的她参加了第一届青年京剧演员电视大赛，带着梅派名剧《廉锦枫》，第一次走进了大众视野，荣获优秀表演奖，并因此得到梅葆玖老师的关注，还得以拜在著名京剧表演艺术家、戏曲教育家刘秀荣老师门下，潜心学习。1991年，李胜素自河北来到山西，加盟山西省京剧院，在全国中青年京剧演员电视大奖赛中，她以一出《红线盗盒》获得最佳表演奖。1995年山西省京剧院成立梅兰芳青年京剧团，李胜素出任团长，走上领导岗位的她，并没有丝毫放松艺术上的进步，她的表演也日趋成熟。

从戏校到院团，天资优越又勤于修学的李胜素备受老师们的喜爱，得到了齐兰秋、刘元彤、姜凤山、刘秀荣等前辈名家的悉心教导，于将近而立之年，正式拜在著名京剧表演艺术家梅葆玖先生门下，成为梅老师的入室弟子。梅老师的言传身教使李胜素的表演技艺愈发精进，2001年，在结束"青研班"的三年学习后，她正式调入中国京剧院，在首都的京剧舞台上传唱梅派艺术。

李胜素参加的第二届"青研班"开班于1998年，全国京剧院团的一部分优秀人才汇集中国戏曲学院进行学习。由于北京院团需负责外地学员的舞台实践，作为同班同学的李胜素和于魁智，开始成为搭档，合作演出。当时，原本与于魁智搭档、为赴台演出做准备的演员因临时有事无法成行，于魁智便问同学李胜素能否接下这次演出任务，李胜素欣然同意。不曾想，这一合作，便已二十年。

李胜素和于魁智合作的第一部作品是《野猪林》，一场演出下来，两人默契感绝佳，各自精湛的表演和相同的舞

台风格让整台演出熠熠生辉，在台湾引起极大反响。从研究生班毕业后，李胜素加入了中国京剧院，与于魁智一道挑起二团大梁，成为众人眼中的"黄金搭档"，珠联璧合，二人声望也日益高涨，李胜素也成了京剧界颇受瞩目的梅派佼佼者。尽管如此，李胜素依旧像过去一样，有着"俏也不争春"的淡泊，不仅将自己挑梁的主戏演绎得精彩绝伦，就连一些戏中的次要角色，也被她诠释得恰到好处。也正是因为她这种性格与心态，煅造出舞台上下松弛、大气的风度。

梅派艺术，可谓"雍容华贵"，而人们往往也将这一语词用来形容李胜素的表演。谈及为何投身梅派艺术，李老师说，从进入艺校学习起，就开始学习梅派戏，也没有唱过别的流派，所以自然而然地选择了梅派。在学习中，李胜素无数次地悉心揣摩大师表演影像，一出《贵妃醉酒》，她看过梅兰芳、梅葆玖、陈永玲等多位前辈艺术大师的资料，一遍遍"过电影"般在脑海中回想、琢磨大师的表演，慢慢地将众位大师的"杨玉环"合成

到自己身上，流露出浑然天成的娇美与端庄。《贵妃醉酒》也是她最爱的一出戏，常年的演绎让她饰演的玉环既有伤心迷醉后动人的妩媚，又有大唐贵妃凛然不可侵犯的高贵气魄，一柔一贵，合而为一，拿捏得恰到火候。

在舞台上，李胜素完全融入角色当中，演绎着花团锦簇的热闹。而大幕一合，聚光灯暗，她便会立刻从角色中跳出，回到"李胜素"中来，过自己有滋有味的生活。生活中的李胜素有一种天然而不自持的疏朗之美，这也恰如她投身一生的梅派戏，看似轻盈柔缓，却饱含深沉的情感，并不会有多么撕心裂肺的表演，可那份哀愁却是浓得化不开，一如暗香浮动，举重若轻。

2001年，青年京剧演员研究生班举办毕业演出，李胜素带来的是梅派名剧《洛神》，为了这个亦人亦神的角色，她在舞台上一遍遍地体验，在生活中一次次地感悟，又从书画、石刻艺术中学习借鉴，她的用心与勤奋，造就了魅力非凡的"洛神"。甄宓一上场，她的绝美姿容，就令无数观众倾倒，而"拟歌先敛，欲笑还颦"的演绎则更是撩人欲醉。李胜素说，洛神的眼神应是平静淡漠的，其中"却包含着对人世的洞察与悲悯"，像古画中的仕女，晋祠中的雕塑，含情脉脉，静美非凡。而这也恰如教授过李胜素的梅派艺术家们，平和淡然，刚柔并济。个人的脾气秉性，自然会在角色中流露几分，艺术家与他们的艺术，也正因如此而相得益彰。

投身梅派艺术数十载的李胜素，不仅继承大量传统剧目，给梅派艺术带来更多新时代的美丽光彩，她还致力于京剧艺术的推广，无论是面对越来越年轻化的观众，还是站在世界各国的舞台上，李胜素都能迸发出耀眼的光芒，以梅派艺术的美妙声影打动观众的心灵。她正是凭借自己的精湛艺术与人格魅力，吸引越来越多人走进剧场。

李胜素曾在青研班的毕业论文中提到，"梅派艺术至今已有七八十年的历史，它的厚重感一直激励着我。经过三年研究生的学习，更强化了这种心态。我所揪心的不是我自己……
而是观众，是观众中的有心人。所谓
有心人就是对京剧对流派能鉴赏、能
批评的这样一个群体。由于外来文化
和多种艺术的冲击，这个群体正在逐
步消失，一旦真的消失，流派没有
了，京剧也就走到尽头了。"京剧传
承离不开戏迷观众，李胜素深刻认识
到了这一点，也确在日常生活中善待
每一位戏迷观众，平易近人。这不仅
为了心心念念的京剧，也是出于她平
和善良的本性。作为享誉世界的京剧
名家，能在几十年的风雨历练中存一

片真情，留几分淡然，无论在艺术圈，还是在平凡质朴的烟火人生里，都
万般珍贵，不可多得。

简介

　　李胜素，女，著名京剧表演艺术家，中国国家京剧院国家一级演员，
研究生学历，享受国务院颁发的政府特殊津贴。曾任第十一届、十二届全
国政协委员，全国妇联执委，全国青联常委。

　　1966年出生于河北省，1979年考入河北省艺术学校，学习京剧表演。
1986年毕业后进入河北省邯郸市京剧团。1991年调入山西省京剧院，任山
西省京剧院梅兰芳青年京剧团团长。师承齐兰秋、宋德珠、刘元彤、刘秀
荣、梅葆玖、姜凤山等前辈艺术家。1987年拜京剧表演艺术家刘秀荣为
师；1995年拜京剧表演艺术家梅葆玖为师。1998年进入中国京剧优秀青年

演员研究生班深造，2001年以研究生学历毕业，并作为特殊人才调入中国国家京剧院。2010年任中国国家京剧院一团团长。

李胜素天赋极佳，扮相雍容华贵，妩媚动人，嗓音清亮甜美，表演规范自然，文武兼备。代表剧目有《廉锦枫》《红线盗盒》《贵妃醉酒》《太真外传》《洛神》《霸王别姬》《凤还巢》《宇宙锋》《生死恨》《西施》《穆桂英挂帅》《白蛇传》《谢瑶环》《柳荫记》《杨门女将》等，并创作排演了《大唐贵妃》《袁崇焕》《梅兰芳》《走西口》《赤壁》《知音》《丝路长城》《西安事变》《帝女花》等众多新创剧目。她始终遵循京剧大师梅兰芳的表演风格：中正平和，内敛含蓄，追求典雅优美的意境，以独具特色的演唱功力和非凡的艺术感染力，塑造了一个个优美的舞台形象，堪称当今梅（兰芳）派艺术最具光彩的代表人物。

1987年荣获首届全国青年京剧演员电视大赛优秀表演奖；

1991年荣获全国中青年京剧演员电视大赛最佳表演奖；

1992年荣获文化部新剧目汇演优秀表演奖；

1995年荣获第十三届中国戏剧梅花奖；

2003年荣获中国金唱片奖；

2008、2016年两度荣获国家舞台艺术精品创作工程奖；

2010年荣获国家艺术院团展演评比优秀表演奖；

2016年荣获第十五届中国文化艺术政府奖——文华大奖；

2017年荣获第十四届精神文明建设"五个一工程"奖；

2017年主演京剧电影《穆桂英挂帅》荣获第三十一届中国电影金鸡奖最佳戏曲片奖，第二届意大利中国电影节"评委会特别奖"；

2017年主演京剧电影《杨门女将》荣获第十届中国金唱片奖戏曲·曲艺

类最佳演员奖。

2004年，首次将美妙的京剧旋律唱响在世界音乐之都——维也纳金色大厅，开京剧艺术之先河。

多年来，她的表演艺术展现在祖国各地，并数十次赴亚洲、非洲、欧洲、美洲、大洋洲各国以及中国香港、澳门和台湾地区演出，受到海内外广大观众的由衷喜爱，为京剧艺术的弘扬与传播做出重要贡献。

◆注：照片由苏岩、李秋生拍摄

孟广禄访谈

采访撰稿：栗小云　周婧文

采访背景

  采访孟广禄孟老板，不是件容易事儿——他太忙了！直到《秦香莲》开演前两小时，我在长安大戏院的后台见到了他，似乎还带着刚从外地演出归来的风尘仆仆，但还是笑着和每个人打招呼。

  作为他的戏迷也作为采访者，我怀着激动又忐忑的心情，上前说了这次青研班二十周年纪念活动国戏戏曲评论中心想要采访他的来意，他很爽快地答应了。回答每个问题时，他都认认真真。言简意赅，又恳切质朴，深具魅力。可惜时间有限，很多感兴趣的问题都没来得及问，期待下次的缘分！以下是访谈内容。

  问：这一次青研班二十周年纪念活动，天津市青年团演出《秦香莲》一剧，您在其中饰演包拯这一角色，在此之前，您在《赤桑镇》《打龙袍》《探阴山》等多出传统剧目中塑造过包拯的形象，这个人物也是您的擅演角色之一，请谈谈您对于包拯的形象的认识和体会，以及您在表演中

是如何把握其中的同和异的。

　　我认为这些角色的不同之处在于剧中人物的思想，这取决于每出戏的故事内核以及它的艺术表现形式；而相同之处就是这些戏都把包公铁面无私、刚正不阿的思想精神传达了出来。这些不同的包公形象在剧中的唱腔和表演也都不尽相同，尤其在唱法上。因为声音是一个人物的形象的代表，京剧的艺术思维要求我们学会处理不同情境下人物的内心世界、思考方式，找到相对应的表达手段，不能塑造千篇一律的人物，这样就失去了味道。所以在唱腔和人物的神情举止上都要注意区分和把握。

　　我多次饰演包公，但在心理把握上，还是把自己的每一场演出都当作第一场来演。演员首先要严格要求自己，对艺术要有足够的尊敬，才能对观众负责。一出戏能够百年流传，必有它的可贵之处，所以要认真地学习它，仔细地揣摩其中的门道。我们的唱既要突出人物的内涵，又要体现戏曲演员的修养，将生活中的所学所感融入唱念之中，因此在平常的时候就要多学习、多观察生活。

　　问：说说您参加青研班时的情形。

　　第一届青研班开班的时候，我正在排演一个新戏，时间上有冲突，没能够参加。因此参加了第二届。学校为我们考虑得很周到，在教学安排上，既有剧目课，又有理论课，也不会耽误剧团的演出，可以说是理论结合实践，很锻炼人。而且在青研班上，也认识了许多优秀的同行，我们共同切磋，留下了美好的回忆。

问：在演出传统剧目的同时，您也出演了一些新编戏，如大型交响京剧《郑和下西洋》、历史剧《项羽》《无旨钦差》等。现在戏曲界对于新编戏有许多争议，您是如何看待新编剧目的？您觉得如何创新，才能既不失京剧的本体，又吸引当代观众？

我这几年排演了十八个戏，都拿到了全国一等奖，单以得奖的层面来说，我完全可以不再排演新编戏。可是，我们的目的不在于获得怎样的荣誉，而是取得实质性的进步。如果没有进步，不能将观众所需要的东西传达出来，新编戏就没有多少艺术价值，它的生命力必然不会长久。我所从事的不是单纯的工作，而是一项事业，是京剧这门亟待繁荣和创新的传统艺术。我们要把它的艺术呈现方式择优继承下来，把它的叙事思维转换成人们今天的思想认识，这是一个难度很大的任务，却是我们这一代京剧人义不容辞的使命。

京剧的创新，不是一蹴而就的事情。在这些新编剧目中，我也参与了一些唱腔设计工作，其中融入了我这几年的思考和感悟。希望在这样点点滴滴的变化中，赢得观众的喜爱。

问：在您的这十八出戏中，有没有自己比较满意的作品？

这几年排的《林则徐》《曹操父子》《赤壁》《袁崇焕》等戏中的人物塑造，我认为是比较令我满意的，这些戏也都得到了观众的认可，其中有些戏还进一步扩展了发展空间。比如说《赤壁》一度走出国门演出，之后经过再加工又在国内热演，受到了大家的喜爱。还有去年为纪念我的祖师裘盛戎先生诞辰一百周年所排演的《裘盛戎》，也是被大家热情讨论的一出戏，看过的人都说它很有味，它的味道不单要体现在唱上，更要体现出对裘先生几十年艺术道路和整个人生历程的回味。塑造出这样值得品味的人物，是我们编排一出戏的最终目的，因此不论是正面角色还是负面人物，我都要去喜爱它、钻研它，将它树立起来，这是我对京剧艺术的一种追求。

问：您觉得排演这些新戏是否对您的艺术造诣的提高有所帮助？

我觉得会有很大的帮助，因为在每出戏里，我都力求有自己的创造。新编戏有很多是把原来的故事加以改编，有些是从传统戏移植过来的，我在演绎这些改编了的故事时，会学着从另一个视角去看待剧中的人和事，从而发现人物身上的新的变化。接下来我就会对如何表现这些变化做出思考，是在唱腔的设计上加以创造，还是在身段表演上有所突破，这样的研究过程能够帮助我积累很多的艺术实践经验，同时也成为我人生道路上重要的精神养料。

中国戏曲学院青研班

20 周年 名家访谈

问：您是裘派的代表人物，您在继承流派的前提下又形成了自己的风格，并且深受观众喜爱。请谈谈您对流派传承和发展的认识。

戏曲流派的传承需要理论的支撑，也需要个人艺术实践的融合，我认为继承这个流派，首先要找到其中可传承的有艺术价值的东西，然后用自身的努力去吸收、吃透这些有价值的东西，再把它用今天人们所能接受的方式传达出来，这其实也就是流派发展的需要。今天的不少观众对戏曲的一些认识还是存在偏差的，比如说唱词的晦涩难懂、唱腔的缓慢冗长、剧情的老套死板等，有些也确是事实，传统戏的改革、传统流派的发展都要考虑这些问题。

各个流派的传承人、各大剧团和演出团体以及当下的戏曲编剧都需要做出反思，如何在今天浮躁的社会环境里、在市场经济竞争激烈的条件下发展戏曲、发展流派。我认为一定要有贴合时代的创作，有体现流派特色的唱腔设计，还要有现代表现技术的借鉴。这样做更容易吸引今天的观众，我们的目标是满足老年人、争取青年人、拉近少年人。

问：现在都在谈对一件事物的"本体"的认识，请问您对戏曲的本体有什么样的认识呢？

我不敢说自己对戏曲艺术有多深的见解，我只是作为一个普通的演员去摸索它。能够声情并茂地去演绎京剧这门艺术，是一个京剧演员一生的追求，我与那些京剧表演大师之间还有很大的距离，我还要进一步地学习；在点燃自己的艺术灯火的同时，我也希望别人的艺海明灯能够长存不灭，我们互相照亮彼此，共同进步。我想戏曲的本体就是在这样的情形中孕育和保留下来的吧，它的本质是包容，能够兼收并蓄、化为己用。

问：通过查阅您的资料，我发现您在平时的生活中经常与许多文学艺术界的相关人士有亲密往来，有不少文艺界的名人专家都是您的朋友，我想请问与这些文艺界的友人的交往带给您怎样的感触？

我感觉自己像一块海绵，在吸收他们的养分，他们在不断地学习，我也在探索，我能从他们身上学到认识事物的新方法，也能在彼此的互动中找到乐趣。有些文艺界的长者还是给予我专业学习很大指导的好老师。

比如欧阳中石老先生，他是奚派老生传人，也是书法大家。我在他门下学习书法也有几年了。他对于中国汉字文化的深刻认识给了我很多启示。在写"学"字的时候，我发现这个字的结构从古至今有很大的变化，包括"手"的偏旁、圆圈的象征等都是随时代而变的，唯一不变的是它的字义，也就是内核，说明我们需要将传统文化紧紧抱在怀里，它才能被真正地学习，这是中石先生教给我的。还有"德"字，把它倒过来写就是真诚的"真"字，这说明真善美的概念是统一的，它们是品德的基础，也是人生价值的表现。

简介

孟广禄，当代著名京剧艺术家，中共党员，现任中国剧协副主席，国家一级演员。自幼考入中国戏曲学校，师从孙盛文、王泉奎、张洪祥学铜锤花脸，打下坚实基础。1981年毕业后，入天津市戏曲学校进修班，1984年转为天津市青年京剧团，任演员。在此期间又得李荣威、夏韵龙的教益，1987年拜钳韵宏为师，并得方荣翔喜爱，收为入室弟子，后又向李长春学艺，技艺大进。曾拜裘派传人王正屏为师。孟广禄的嗓音洪亮高亢、气力充沛、行腔委婉细腻、韵味醇厚，颇具方荣翔之神韵，是一位深受观众喜爱的青年花脸演员。曾获全国青年京剧演员电视大奖赛"最佳表演奖"和"优秀京剧演员表演奖"，全国京剧青年团（队）新剧目会演"优秀表演奖""梅兰芳金奖"，中国戏剧"梅花奖""文华表演奖"等，被评为首届"中国京剧之星"。2009年在第二十四届中国戏曲梅花奖荣获"二度梅奖"。

张火丁访谈

采访撰稿：李源远　卢路路

采访背景

　　本次青研班二十周年活动期间，京剧程派名家、中国戏曲学院教授张火丁携《春闺梦》亮相长安大戏院。演出前，我们有幸采访到了张火丁老师。

　　问：在这次青研班纪念演出中，您带来了程派名剧《春闺梦》。我们知道的程派剧目还有《锁麟囊》《荒山泪》等，请问您是怎样理解程派剧目的特色呢？

　　要理解程派剧目先要了解程派的唱腔，程砚秋先生唱功的特点是喉音与嗓音的协调运用，程派声腔是缠绵婉转与清晰嘹亮的一种结合，这也决定了程派表现人物的特色，这些剧目中的女性都是内在坚强美好、外在隐忍悲情的形象，有大量细腻的内心戏的抒发，因此程派剧目都是心理情感很丰富的戏，能把人物的命运完整地展现出来。

程派剧目有悲剧也有喜剧，但是它们有一个共同点，就是人物的精神境界是纯洁高远的，为了达到这一要求，要将全身的功力、唱念做舞融于一体。我的老师常教导我，学好程派，它的唱腔、舞蹈、身段、眼睛转功、面部表情是互相作用的，每一个都不能分离，即便身上的服饰摆动也是整体的一部分，都要用作艺术。也就是说"全身都是戏"。程先生就是这样的一位艺术家，在《锁麟囊》的"朱楼寻球"一段戏里，他把动与静结合到了极致，所有的表演行云流水，处处体现着中国文化的和谐之美。

问：您是青研班的第二届学员，在此之前您已经在探索自己的表演风格，您觉得青研班在艺术上对您产生了怎样的影响呢？

京剧青年演员研究生班是一个高级别的平台，有很多高水平的戏曲专家、境界技艺博大精深的艺术家为我们传道授业，这些老艺术家们的指导给了我十分宝贵的学习资源，他们的精神深深感染并激励着我去钻研京剧，钻研程派；当时和我同班的也都是现在非常优秀的顶尖的京剧演员，我从他们身上学到了很多经验，也学到了积累文化知识、思考发现新事物的习惯，在以后的修炼和演出中不断提升自己。就拿《白蛇传》来说，排演这出戏的前后，我得到了京剧界许多前辈老师的指点，一些其他剧种的表演艺术家也很热情地提供了自己的艺术呈现方法，之后还召开了专门的学术研讨会，这些都给了我更多的自信去进一步探索艺术，打磨这出戏还能提升的地方。

问：我们知道您为人低调，在艺术上追求专注，您是如何走上程派的探索之路的？

我很小的时候就喜欢上了程派。我是从评剧转向了京剧学习，中间经历了许多挫折。把我真正地引入程派之门的是我的恩师赵荣琛老师。《荒山泪》是我跟老师学习的第一出完整的程派剧目，通过这出戏，老师把程派的精髓传授给我，也把戏曲艺术法度和程式的表现方式教给我，我从这里开始认识京剧、理解程派。这个戏虽然难，但是它的内容太丰富，有大段的唱腔和念白，综合性的舞蹈，是唱、做并重的戏，我从这个戏身上开窍了，才明白怎样去演人物。以后我在排每一个新剧目的时候，都会联想到在《荒山泪》上学到的艺术启示。程派人物身上的气韵、贯穿始末的要数，是我们从经典传统戏里的重要继承，赵老师在这方面的感悟很深，受他的影响，我这些年一直不敢怠慢对传统戏的学习。把这些经典剧目再现于舞台，无论何时都很有必要。

问：近年来涌现出了一批优秀的程派青衣，程派艺术又成为了京剧的热门话题，您作为表演者，如何看待程派的发展现状？

程派艺术的美在于它含蓄不浮躁，不管是过去，还是将来，它都深深吸引着我。程派艺术的传人各有千秋，在我看来，关键是找到自己的表演风格，踏踏实实地发展下去。程派艺术之所以传承不衰，很大的原因是坚持信念。那些受人尊敬的前辈大师，他们的成功都不是一蹴而就的，时刻用艺术的高度要求自己，这是我要用一生去学习的。现在社会发展很快，大家对程派的喜爱，把京剧放在传统文化的重要地位去看待，我们表演者也更有责任去展现京剧之美，发掘程派不为人知的魅力。

　　问：您不仅是一位刻苦研磨艺术的演员，同时也是京剧一线教学的工作者，今年还举办了"张火丁程派艺术人才研习班"。请问您在教学中有怎样的感受，有什么让您印象深刻的事可以跟我们分享呢？

　　今年招收的十位学生大多数是80后、90后，前半年的时间多用于打基础，夯实基本功。到了后半年，许多人有了突飞猛进的进步，渐入佳境的感觉，这让我很高兴。包括教课也是这样，老师有时也需要学生对她的刺激，她们进步一点，我就特别高兴。我自己也在摸索，教课不能着急，这一行需要时间。看到她们在体会人物上突然有了大的进步，那时我就很激动。另外，现在的孩子都挺聪慧的，老师对每个人都是那么教，用功的、勤奋的就进步大一些，还是要自己多琢磨。这一点我和学生们是一样的，都在学习努力中，我跟学生的关系也是互相交流、切磋，这种课堂氛围挺好。

问：您作为京剧演员，同时作为京剧教育工作者，您对京剧艺术及它的传承有什么看法？

京剧艺术是集体艺术，不是一个人能完成的，每个人都有各自的使命。作为一个京剧演员，我将会在艺术探索的道路上继续砥砺前行；作为一名京剧教师，我也需要把专心继承、探索创新的态度传递给学生，让他们按照自己的使命行走自己的艺术之路。京剧的传承又是一个慢工出细活的过程，我的老师教育我要树立明确的目标，执着无杂念地练功、修行，这个过程很苦很难，但是一代代演员都是这么成长起来的，要不停地沉淀自己。经历了这些之后再回头去看，你才能说自己真的热爱京剧。

简介

张火丁，女，1971年生于吉林省白城，汉族。国家一级演员，中国戏曲学院教授，文化部青联委员。国家一级演员，享受国务院特殊津贴，中国剧协理事，全国青联委员，中国京剧程派艺术研究会理事，著名京剧程派艺术家赵荣琛的关门弟子，属程派第三代传人。代表剧目有《锁麟囊》《荒山泪》《春闺梦》《鸳鸯冢》等，创新首演程派剧目《秋江》《绝路问苍天》《白蛇传》《江姐》《梁祝》等。1991年获得全国中青年京剧演员电视大奖赛荧屏奖；1992年获全国青年京剧团、新剧目汇演表演奖；1996年获全国现代戏交流演出表演奖和"五个一"工程表演奖；同年又被中国京剧艺术基金会推荐为第二届"中国京剧之星"。2002年6月21日，领衔中国京剧院《江姐》剧组赴德国科隆参加世界艺术节的演出引起轰动，并首创京剧程派现代戏走出国门的纪录；2004年成立张火丁艺术工作室；2005年，首演的京剧电影程派《江姐》荣获"国粹传承大奖"。发表京剧音像专辑《张火丁京剧程派传统唱腔选》《张火丁首创京剧程派现代戏剧目唱段》等，青研班论文《专心继承 探索发展》，教授课程《京剧程派剧目研究》等。

王蓉蓉访谈

采访撰稿：冯艺佳　齐　鹏

采访背景

　　每每于剧场中欣赏王蓉蓉老师的表演，都会不由自主地沉醉于她那一招一式里。也曾想过有朝一日能够走近这位戏曲表演艺术家，这次青研班创建二十周年提供了一个绝佳的契机，很快敲定了采访时间，次日王老师回了电话，那一刻有一种莫名的感动，心中的女神走得更近了，实实在在，平易近人。能感觉到她锲而不舍地为戏曲事业奋斗着，采访中她也表示自己为戏曲所做的这一切都理所当然，无怨无悔。祝愿王蓉蓉老师今后在舞台上能给我们带来更多的精彩和感动。

"扬长补短"，青研班中潜心修习

　　青研班建立二十周年之际，著名京剧表演艺术家王蓉蓉，接受了我们中国戏曲学院戏曲评论中心的专访。回忆起昔日在青研班中的学习生活，王老师颇为感慨，对于当年的学习情景依然记忆犹新。"当时得知青研班招生，我特别渴望参加。一开始筛选特别严格，能符合条件的根本就没有那么多人，真正能符合条件的恐怕就我一个人了，因为我是本科毕业。而当时最初的要求就是本科毕业，那个时候戏曲本科特别少，就学历这一条，好多人都参加不了，后来就把这一条取消了。"

作为现今活跃在舞台上的张派领军人物，同时也是京剧表演的中流砥柱，人们很难将王蓉蓉老师和"学霸"联系在一起。采访中，王老师的率真直爽给我们留下了深刻的印象，而她在首届青研班中充满正能量的学习经历，也让我们心生敬意。"我非常珍惜那三年，也下定决心要刻苦用功，毕竟机会难得。无论是艺术上还是其他的方面都获益匪浅。从艺术上来说，我们这个行业一般都讲'扬长避短'，我的论文就是《扬长补短》，三年也是本着这个目标来学习的。我的长处就是我的嗓音。我当时就给自己找缺点和不足。我高中毕业才学习这一行，已经十七岁了才开始练习基本功。在基本功、表演、身段上，相对于我的唱来讲，这就是我的不足，所以我就得把我的不足通过这三年把它补回来。

我的目标也是非常明确的。当时也是我的老师张君秋先生和学校一起给我定的目标。先是跟（艾美君）老师来学习梅派戏，《霸王别

姬》《游龙戏凤》《穆桂英挂帅》《贵妃醉酒》这几出戏,那么这几出身段戏,我就认认真真,踏踏实实学好而且我也都演出了。演出完了之后大家都不敢相信我能够达到这种程度。在中国戏曲学院读本科期间,我的启蒙老师是蔡英莲老师,第一出戏《二进宫》就是蔡老师教我的,从上学到现在,我们的关系一直很好。后来蔡老师跟张君秋老师当主教,跟张老师学习的同时实际上蔡老师也在教授我们张派戏。然后跟着蔡老师去张老师家里,再给我们抠戏,这么多年跟张老师也相处得非常好。我后来学习的张派戏,蔡老师严格要求我,有很多张派戏蔡老师也是一招一式地教我,一字一句地斟酌。大学4年里给我打好了良好的基础。我当时就主动要求老师要像对待低年级的学生一样,踏踏实实地从基础上给我补课。在学习了这几出梅派戏以后,在身段表演这一块,我有一个非常大的改变,以至于使我原来演过的张派戏,也变样了。这就要得益于我在青研班三年学习。这三年的学习对我来说有一个很大的改变,观众们不仅看在眼里的,而且也都替我高兴。自己的同行和老师们也都完全认同。"

"金嗓子"是怎样练成的

王蓉蓉老师的唱功是公认的、上乘的,这一点毋庸置疑。大家好奇的是,这样一副金嗓子是如何得来的。虽有祖师爷赏饭在先,可是后天的努力与之密切相连。在被问到这个问题的时候,王老师回答得毫不隐晦:"我们这一行'唱'是最主要的,首先你要有天然的嗓音条件。我们行里还有男旦,我的老师就是男演员,男女没法在一起比较,那么在女演员中,我的嗓音条件算是上乘的。因为唱张派没有一个好的嗓音条件,根本就没法唱。但是光有嗓音条件还不行,同时还要能够把你所演的人物的思想感情唱出来,表达出来,这又是另外一个层次了。

唱功当然也是讲究技巧的,那些武戏有技巧,我们文戏也有技巧。这些技术技巧你都要把它练得过硬，才能够把人物的思想感情通过你的'唱'表现出来，而这些都需要演员用心去钻研。'唱'一定要思考，要用脑子去想，用心去想，而不是张嘴就来。这个声音从哪儿出来，怎么发音？都是要讲究方法的。不仅要多学习，还要多运用。这些方式、方法都要靠你自己去思考去训练，唱出来之后还要把它形成习惯，进而习惯成自然。还要带上乐队，要化上装，穿上服装。

要演人物，必须经过很多个关口，这一道道关口必须要自己刻苦地磨炼，一道一道突破，最后才能形成于舞台上。

那时候蔡老师亲自带我去和美娟老师那里去练习发声、上声乐课，后来我跟和美娟老师学习很多。同时学校很多文戏都是蔡老师在教，在教戏的过程中他特别注重唱法。特别讲求声音、发声、技术技巧。跟蔡老师这么多年学张派、演张派戏，在'唱'上，格外注意唱法，我有这种唱法的观念与蔡老师是分不开的。打基础的时候蔡老师严格把关，然后带我们去张老师家里再'画龙点睛'。我们好多学张派的人都是蔡老师教我们的。唱功可不是一天两天就能行的，要经过多少年去揣摩和推敲，不停地去研究它。随着年龄的增长，声音是会有变化的，年轻和年长就差别很大。在演唱方面，你首先得技术全面，因为它的综合性和复杂多变，要求演员必须经过长期反复的修习和舞台实践，这样才会越来越成熟。"

"张派"与 艺术的严谨性

"我学习张派，首先是因为热爱，兴趣是最好的老师。我在上学的时候，张老师正好在中国戏曲学院当顾问教授，在校期间就跟他学的《玉堂春》《四郎探母》《望江亭》这一类戏。《四郎探母》这出戏，铁镜公主这一人物到我后来工作以后也演了好几百场，确实是熟稔于心。这不同于别的传统戏，旗装、旗鞋，梳的是旗头，但是那穿着旗鞋走路的形态，这种脚步的基本要求，跟普通的传统戏的脚步是完全不同的。所以她是怎么走，手臂怎样地摆动，手绢怎么拿，以至于怎么坐、怎么站、怎么起蹲，这些都是张老师亲自给我做示范，所以我印象非常深刻。

艺术是严谨的，我觉得应该是这样的。当年老师他亲自跟我讲戏，不光是《四郎探母》中的铁镜公主，具体的人物形象应该怎么演，老师一一传授。张老师要求严格，对于艺术的态度也是极其严谨的。就像王宝钏穿靴子，寒窑受苦十八年，坚决不能再戴薄花的料，首饰都不能戴。包括演《秦香莲》《玉堂春》，都是受酷刑押在监狱了还能戴首饰吗？回想起来老师说的这些都特别有道理。戏曲是有规范、有规矩的。我们这些艺术上的规律，这些前辈、老师是严格地遵守。我觉得他们都是很严谨的，这一点对我有深刻的影响。我现如今演戏也是本着张老师当年对我的要求，细致到手上戴的戒指，《西厢记》应该带什么样的，《状元媒》又应该带什么样的。包括《西厢记》的服装上面的花，花的大小、颜色都有讲究，都有严格要求。一如既往地严格要求，才能让观众认可你。"

好声音不是刻意模仿得来的

"我个人在这么多年学习流派的问题上，一直坚持用我自己的嗓音，凭我自己的声音条件学习张老师的技术技巧。然后用我自己的嗓子来唱张派，我一直是坚持这个原则。我特别喜欢张老师年轻时候的声音。那个时候张君秋先生的声音，我认为更好听，于是就要学这样的声音。所以我后来在这么多年演出实践当中也证明了我这样唱的合理性和科学性。一来声音表现力非常强，同时又省力，而且延绵有余味。"

三四十年的舞台实践，王蓉蓉老师演的都是张派戏。可以说她是张君秋先生的弟子当中演张派剧目数量最多的，这一点无可厚非。2016年国家艺术基金项目全国巡演的二十多场，王老师带着她的团队走了六个城市，二十多天演了十二场戏，这十二场每一场都得上台。她就是这样，通过大量的演出提高舞台实践的能力，积累舞台经验。

"9月份，我这一个月演了二十场。上溯到7月份，一个月都在排《党的女儿》，所以我从7月份到现在我一天都没有休息。对于我这个年龄段来讲，这样的工作强度确实太大了。如果说没有一个好的方法，嗓子一定是受不了的。我觉得如何去继承流派的问题，还是不要盲目地去模仿，一定要结合自身的条件，有思想地去学，不要盲目地去模仿人家的声音，这都是模仿不来的。我教徒弟，也不让他们模仿我。模仿，就容易迷失，每个人都有自己最好听的声音。"

"王团长" 以身作则

"当了团长，牺牲了很多我自己的业余休息时间。因为我需要投入这些精力去处理一些事务，我们这一个七八十人的团，吃喝拉撒的事全都得管，身为团长这是你的责任。这些事虽然复杂，但其实也可以处理得很简单。既然当了团长我要以身作则，这是肯定的。两个方面自己得做得正，首先是在台上演出，你的艺术质量得令人折服，得让人家佩服你。其次就是在台下，如何做人。咱们现在不能都说这种漂亮话，遇见一些具体事情的时候，你应该第一个先想到我是团长。利益面前我不能再总走在前头，应该往后退一步。一定要严格要求自己，一定要有原则。你严格要求自己了，以身作则你也做到了，以后大家都会自觉，这一点我确实特别有体会。

举一个例子，我们这二十天，六个城市的演出，总得发车、退房、住宿、集合。比如说早上7点退房，7点半发车，我们就没有晚发一分钟车，没有一次。两辆大车，所有的人都特别自觉，一说7点半发车，7：25集合完毕，都坐到车上了，行李都准备好了，房也退干净了，一切都准备好了，全都提前五分钟。为什么能做到这一点？我也和大家一样坐大巴啊，我也提前五分钟我就坐这儿了，所以就是不用我说，大家都特别自觉。台上演出，我要非常认真地、一丝不苟地演每一场戏。我们团大多数演员都比我岁数小，

中国戏曲学院青研班

20 周年 名家访谈

038

所以他们都说像我这样地连续演出十二场，他们都很佩服。所以管理这一块，首先你自己得做好，下面的这些年轻的，他们都会看在眼里。"

未来规划，寄语新生代

"对我而言，传承张派艺术义不容辞。我到了这个年龄段，也考虑今后要逐渐地来转化教学，传播张派。现在已经收了十二个徒弟，还继续收，尽我最大可能地把我这么多年在舞台上的经验传授给后面的人。这是我必须得做的，也是我的责任。

今年中宣部下达北京市委，在北京市选了两个演员做新流派创新的实验剧目。一个是我，一个是张火丁。必须要搞一个流派创新的实验剧目，所以有这么一个机会排一出现代戏。中宣部是考虑这个年代要有新的流派，其实这件事情要顺其自然，也不可能说今天演这出戏，明天就成了一个新的流派了。一定要遵照艺术的规律，观众对你的认可才是最重要的，毕竟流派的形成不是个人所决定的。

我在这个戏中有一个《小小杜鹃花》的唱段，如果我能把这个唱段流传下去，保留传唱开来，这就是我最大的一个目标。流派这个问题一定是自然而然，水到渠成的一件事，谁也不能强求，艺术上的这些规律不能违背。我觉得演员创立不创立流派不是最重要的事情，所以我觉得今后我会尽我的最大努力，能够多演张派的这些戏，多让观众能够看到。

我们这次全国巡演全都是保利剧院，一两千人的座位，上座率在八成，这是我没有想到的。因为有的地方我是第一次去，都没想到观众们会这么热情。京剧在这些城市真的是有影响力，观众真的是喜欢看，我也很受感动。应该尽我的最大可能地多演出，让观众看到并且喜欢这些戏。应该演到什么样的质量，我们也要严格把关，让观众看到高质量的演出。同时做好教学的这方面的工作，以后必然会加大力度，加大精力去带学生，传播张派艺术。如果再有机会，也有合适的剧本，我也愿意尝试排练新的剧目，塑造新的人物形象。许多事情都应该顺其自然地去做，都不要强求。

以我个人的体会，希望新一届青研班的学生能够珍惜这样的机会。因为三年的学习时间很短，稍纵即逝。希望大家能够在这三年里，全方位、大容量地多学习。我觉得很多东西等到他们日后到了工作岗位上迟早是要用到的，所以一定要珍惜这三年的学习机会，利用好这三年的大好时光，千万别浪费了这样的大好时光。"

简介

王蓉蓉，毕业于中国戏曲学院，曾经受教于王玉蓉、蔡英莲、艾美君、马宗慧、张玉英、万凤株，于1978年拜张派创始人张君秋先生为师。2007年起担任北京京剧院一团团长。现为全国人大代表、中国民主同盟会中央委员、中宣部"四个一批"人才、中国戏剧家协会理事、文化部授予"优秀专家""德艺双馨"等称号，并享受国务院专家津贴。第十一届中国戏剧梅花奖获得者。代表作品有《状元媒》《龙凤呈祥》《党的女儿》等。

史依弘访谈

采访撰稿：郑媛文　谈　悦　白　强

采访背景

本次青研班二十周年纪念演出活动期间，《二进宫》于10月6日在长安大戏院上演，史依弘在剧中饰演李艳妃。在演出前，她接受了我们的专访，现整理成稿以飨读者，详见下文。

问：您在上海戏校最初跟随张美娟老师学习武旦，后来又学了青衣，能分享一下这段学习经历吗？

很荣幸能跟一位好老师学习武旦、刀马旦，她专注地教了我七年。

戏校里武戏和文戏课都开设，大约在戏校三年级的时候，老师开始关注我对文戏是否有兴趣，关注我上文戏课的状态。那时候，我的嗓子特别窄特别细，而且练完武旦再去上文戏课，嗓子是很疲劳的，气息也不稳定。她发现我对文戏特别感兴趣，愿意学唱，就是苦于没有嗓子，于是就为我寻找声乐老师，前后拜访了好几位，最后才确定了请卢文勤老师教我。

卢文勤先生是言慧珠老师请到戏校来教书的，他毕业于同济大学物理专业，在大学时代开始喜欢、学习京剧，崇拜梅派，非常痴迷于梅兰芳的表演艺术。因为给梅先生吊嗓子多年，卢老师开始研究梅先生的唱法，探寻梅先生的发声方法。

张美娟老师将我介绍给卢老师时，我一进课堂，他就让我唱一段，他用录音机录下来，一听我那嗓子是破的，一唱"呲花儿""冒喉"各种毛病全来了。卢老师就跟张老师说："没事儿，我能把她教成一个梅派大青衣。"

从1985年年底开始，我走上了学习戏曲声乐的道路，一直跟随卢老师学习，整整十年从不间断，没有春夏秋冬。现在回忆起这段时光，真的觉得很幸福。

学声乐的那十多年（这期间从戏校毕业进入上海京剧院工作），其实真正登台唱文戏的机会很少，但是我一直在练。在戏校时，学期结束需要汇报演出，别人都不相信一个武旦能唱全本《三堂会审》，一听史敏唱《三堂会审》，上海观众吓了一跳。《三堂会审》跪在那儿唱五十多分钟，正式演出那天晚上，很多人从此开始相信戏曲是可以训练的，唱腔和声音都是可以被训练的。

问：**您工武旦，但是又一直在学文戏、学梅派，当时是什么机会能把梅派戏演出来？**

在学校除了一些汇报演出外，实践的机会很少。记得1989年临近毕业时到香港演出，我准备了五出武戏，另外就是《西施》的折子和《战金山》一起演双出。《西施》是梅派戏，从导板开始观众一下子就欢腾了。后来我听说，演完后就不断有观众想约我见面，问是谁教你的，怎么可能就唱成了这口梅派。

当时香港演出后，张美娟老师抱着我，从来没有那么激动过。她的武旦戏演了一辈子，从未想到她的学生唱文戏能在香港这么受欢迎。我感到特别幸运——遇见了张美娟、卢文勤这两位老师。他们不会把学生占为己有，而是介绍我去学不同的东西；而且我从没正式拜过他们，他们就是学校的老师，那么多的学生，我只是其中的一个，但他们却可以这样地倾囊相授，这样无私地把自己的精力、情感奉献给学生。没有他俩中任何一个，我的艺术都走不远。

问：1994年，您二十二岁就获得了梅花奖，这其中有什么要分享的故事吗？

在收到得奖的消息之前，我完全不知道是什么情况。那年，我排了一出新戏《扈三娘与王英》，在北京演出时央视来直播。那个年代能在中央电视台直播一场节目很不容易，而且是京剧新戏，很受京剧界人士关注，可能是那次演出被不少梅花奖的评委老师看到了。

创演这出戏的时候，我二十二岁，李军三十出头，严庆谷二十多岁，挑大梁的几个人都是正当年。可能大家兴奋的是，看到京剧舞台上来了这么几个稚嫩的、有点孩子气的、娃娃脸的青年演员；可能大家更多感叹的是，京剧舞台上朝气的新一代开始成长了。后来在北京开的座谈会上，这出戏受到了很高的评价。

其实这个戏很有时代感。从艺术的角度来看，这出戏值得更进一步推敲、挖掘，戏本身比较有趣味，而且由年轻人来演值得大家关注，年轻演员让观众喜欢也很重要。

在北京演出之后就有梅花奖评委让我们院里推荐人员参选评奖，并说我有资格参加梅花奖评选，于是院里领导就递上了我的资料。这些过程我当时都是不知道的。

在我们当时的印象中，得梅花奖那还了得，我们这代人心目中的大艺术家，像于是之先生、焦晃先生，这种级别的演员才能获得梅花奖。俗话说，"不想当将军的兵不是好兵"，可我从来没想过当将军啊！但一路走过来真的很顺利，很幸运的是很多人关心我、照顾我，把我推到这个备受瞩目的平台上。

1994年的"中国京剧之星"评选活动，也是一段难忘的经历。当时有六名"京剧之星"在人民剧院参加展演，包括于魁智、邓敏、王立军、孟广禄、董圆圆，每人主演几出戏，然后专家们都来看戏，那时候有很多好角儿，像杨荣环、袁世海、杜近芳这些先生都来了。老先生们每场都看，然后给我们提意见，看我们将来的艺术道路怎么样走会更好，他们给了很多艺术上的建议，我觉得很荣幸也很幸福。这一代的先生们对我们的期望很高。

评选活动后，我到北京来进修文戏，即参加青研班。有一天，张关正老师忽然让我请客吃饭，说他在人民日报上看到我得梅花奖了。他拿报纸给我看的时候，我一点都不兴奋，不知道出什么大事了。着实被吓着了。一直觉得梅花奖跟我没什么关系，更不可能落我身上，不到五六十岁别想有获得那项奖的资格，因为艺术造诣根本不可能达到这个深度。

所以这就算是特别幸运吧！别人评价说得奖是因为觉得我比较"全面"，那时候我文的武的都拿得起来，而且都不逊色，都能在八十分以上。给我这个奖其实是对我的提携，给我更多的触动和更多的学习机会。

因为年轻，就觉得自己很无知，就觉得前面的路很长，为了能跟梅花奖这个荣誉并驾齐驱，能配得上这个奖，就必须好好努力。要不停地补课，因为要是不够好，别人会瞧不上。我自己是知道的，那时候我的文戏还是很弱，这个戏能得奖，因为武戏占的比例很高，但当时能展现文武全才的演员很少。所以后来就觉得文戏一定要加油，听老师们的话，尤其在梅派艺术的领域。

我跟老师学了很多文戏，卢文勤老师教了全本的《玉堂春》《凤还巢》《太真外传》《生死恨》《宇宙锋》，还有《贵妃醉酒》《天女散花》等，但就是没机会上台唱。其实学文戏是我的一大爱好，直到现在也还是。文戏太美了，这个"美"是卢文勤老师给我从小建立的审美观念，他常告诉我梅派怎样美、怎样好。那么，即使我以票友的身份来欣赏文戏，不也很好吗？所以，我学文戏、唱文戏，就没有太大压力，这是我的爱好。

大约1994年，团长来找我："下周唱个《天女散花》行吗？"我说："可以呀！"当时特别激动。两周后，又问我"下周唱《醉酒》怎么样？"我特别激动。再后来又唱《别姬》，就这样文戏一步一步往前走了。

青研班的学习给我补了很多课，一直在南方成长，虽然老师是北方人，但是没机会系统地在北方看戏、学戏，这对于学习京剧还是有些缺憾的。当时我来北京上学，恰逢李玉茹老师也在北京，我就跟李老师学了《拾玉镯》，跟李金鸿老师学了昆曲《金山寺》，跟上海的张洵澎老师学《游园惊梦》，她也是言慧珠老师的学生，那时候学了不少昆曲，继而跟杨秋玲老师这儿学《捧印》《挂帅》《龙凤呈祥》。老师给我说了一些大文戏，我们一起探讨新编戏，那段时光特别有意思。

从武旦到青衣，这两个行当像是两极，中间需要连接和过渡。两个行当气质是不一样的，可是怎么把这两种气质接上，当中需要"修补"的东西很多，比如：花衫戏需要学、昆曲要学，刀马旦也需要学。慢慢地学的戏多了，身体协调了，状态自然就过渡过去。

我刚开始演《杨门女将》的时候，身体很不自如，但一扎上靠就撒开了，怎么演都对味，观众看着也激动。连张美娟老师也说我："后面一扎上靠她就神了。"但前面大半段的青衣文戏，老师说我站在那儿不像青衣，气质不对，站不出青衣的气势。所以这个就要修炼，修炼艺术上的、文化上的，也包括各个方面的经历。这些都要融入角色，观众才会觉得这才是大青衣。

问：您从武旦到青衣，从京剧到昆曲，从舞台到影视，一直在转变，舞台和影视的表演是不一样的，您这种转变和从武旦到青衣的转变有什么不一样吗？

艺术的进步不是单方面发生的，一直执着在某几句唱腔上或这几出戏上，只研究唱腔这个弯儿怎么拐，这都是很不全面的。一个演员要成长，养分来自多方面，可能我这么多年的不断改变也是因为外界的环境和条件在不断变化。比如我曾尝试程派《锁麟囊》、昆曲《牡丹亭》，也曾跟谭盾合作多媒体交响，之后又拍了电视剧和电影，每次尝试我都觉得很有意思，我愿意去感受别人的东西和其他艺术形式。能做到什么程度是基于我自身的能力，但我愿意接纳，不排斥新事物。

影视演员为什么那样表演，为什么那么自如，它不是端着架子在演，舞台演员也不是这样去演，好的演员也是自如的。最后会发现，不同艺术形式很多都是相通的，比如：它起源于什么，它又往哪里去？我觉得最近拍电影比之前拍的电视剧，表演更加自如了，知道怎么去驾驭镜头前的表演。

舞台表演实践，对于演员来说，是很重要的。实践经验积累到一定程度就会表现自如，但这就需要不停地有机会上台表演。演员不演戏，十年、二十年不唱，再上台时就很难找到演出状态。当然功底可能还在，恢复演几场感觉又回来了也是有可能的，但还是会有陌生感，以前好演员都是在台上历练出来的。

我们今天戏曲发展的大环境并不乐观，对造就一个实力派的演员算不上一个好的时代，比如，一出戏总是四个白蛇、五个许仙唱，成名成角不是一台晚会的事儿，台上的角儿就是靠实力拼出来的，就得靠实力让观众认可你，今天唱三小时，明天还能唱三小时。所以我做了"文武昆乱"专场，五天五场大戏，全本的《玉堂春》《穆桂英》《白蛇传》《牡丹亭》和《奇双会》，在国家大剧院演完，回上海又贴了五场。这五出都是要有实力的戏，没有一出能卸功的，所有人一看戏码就说这人疯了，现在演员很难拿下来。其实我之所以这么做，我们这么贴（戏码），就是想告诉这个时代，角儿就要有本事这样贴，你才能成为角儿。而且你要靠自己拿下这个舞台，拿下市场，你才是角儿，你没有这个能力——就不是角儿。

在这个时代唱戏很难，我是属于比较幸运的一代，前十年、二十年，一方面是老师给我打下的基础，另一方面是上海京剧院不断有新编戏的机会，使我有机会上台多演出。但近几年机会也少了，所以没有的时候，我又开始探寻别的出路。

今年开始运行公司"弘依梅"，因为觉得时不我待，到了这个年纪，如果还在等着外界给我机会，一年只能唱一场两场，我就觉得还不如不唱。我有能力五天连贴五出大戏的，怎么可以十天才唱一折呢，自己一定不甘心的。我以公司的名义跟上海京剧院合作，聘用团里的班底，团里能旱涝保收，盈亏风险是公司承担。但是，我个人的压力非常大：如果票房很差，公司就全赔本。没有公司愿意做赔本买卖的，所以就要想办法，发展的路非常艰难，现在的戏曲演出市场，其实很多地方的观众是不愿意花钱买票的，送票他们会去看，自己花钱买票就不一定去了。如果他不服你，你不是个好演员，他为什么要去看呢？这是对演员的考验。

我们这次全国巡演去北京、上海、天津、广州、深圳，广州的剧场有一千六百个位子，但九成以上的票卖完了，意想不到那么多的年轻人来看戏，我觉得这个市场必定要有人去开发维护，否则市场就不能正常运行了。不去做，你永远都不会知道你有没有市场。但是走市场道路肯定是要牺牲一批人的，我们属于探路的，哪怕很辛苦，但总要有人做。

问：您公司的公众号会发一些文章，包括您和粉丝的故事，和老师的故事，还有讲座演出信息，等等。是很好的一个文化传播途径。您做这件事，也是希望弘扬传统文化吧？

不能说弘扬，只能说尽力。我做这个公司也不是为了什么挣钱，做文化有可能得倒赔，尤其是传统文化。在如今大家对传统文化不太关注的时候，我们走出这一步就是逆流而上的感觉，想从传统文化上取得商业上的成功是很难的事，但还是要去做的。走出去演出，你才会发现观众那么爱你，你唱什么他们都爱你，这就是支持你的一种方式，支持你连贴三天、五天。所以他们来看，我就很感动，这就说明还是有人关注着传统文化，还是有人看戏、有人懂戏，当有人懂的时候你就受到激励。

问：您还编著了一本京剧教科书，这是什么因由？

那是和上海的一所双语学校合作出版的，在那里有我的京剧工作室，已经开设了四年，有学了四年京剧的小朋友，像《卖水》《拾玉镯》《白水滩》这些小戏曲唱段都可以表演。开始也是很多家长没有这方面认知，后来学期汇报的时候很多家长着迷了，看着自己的孩子表演特别高兴。戏曲入门其实很快，孩子练扇子、抖水袖，学表演，家里面也很开心，大家一起关注戏曲。

我愿意去做这件事，是想给孩子培养兴趣，这个学校不是培养京剧专业人才，它是双语学校，一些孩子如果以后出国，别人提到京剧，他们开口能唱一段，会让人刮目相看。然而，只是教这些孩子技能，也没系统让他们了解京剧的知识，比如京剧从何而来？京剧是什么？所以去年我跟他们校长说出一套书，他们很支持，就编了一套《史依弘教你学京剧》，是给这个工作室用的。后来有上海教育机构就觉得这个很好，为什么不做推

广呢？所以今年在上海书展上首发。

问：您创办这个开展京剧演出的文化公司，是怎样的契机？

公司的合伙人是长江商学院的梅建平教授，他非常热爱京剧。我曾经在商学院的文化创意班学习，在学习期间脑洞大开。在商学院参加的一个访谈被梅教授看到了，里面谈到我的理想愿望：希望看到我们的京剧可以像音乐剧那样，可以在剧场连演半年甚至一年，外国人来中国都必看某部戏，就像百老汇那样，像拉斯维加斯秀那样。那个访谈就是畅所欲言，放开想象。我一直认定京剧是中国的音乐剧，它也是歌舞演故事的。访谈还问到其他梦想，我就说可不可以有自己的剧团，就想象有自己的剧团，可以编一些自己愿意唱的戏。后来梅教授就来找我，我们在一起聊，他说目前剧团不大可能，但是可以一起做公司，有什么理想可以先完成。所以就开始创办公司，做策划，做巡演。速度很快，2015年8月注册公司的，今年4月就开始巡演。

创办公司是有贵人帮助的，梅教授他是普林斯顿大学博士，又在纽约大学任教了十七年，我发现很多在海外的同胞，他们更看重自己的文化，看重自己的传统艺术，他觉得这是自己的根。而且他看到现在国内很多浮躁的现象，他就说钱是赚不完的，贝多芬那个年代，也有无数的有钱人，我们都不记得，但是却能记得那些支持过艺术家的人，因为他们的支持，这些艺术家的画或者音乐都流传下来了，这才是有价值的事，借助经济能力如果能把艺术流传下来，那就是功德。他在学校讲课也渗透这种理念，很了不起。

中国戏曲学院青研班

20 周年 名家访谈

我们演传统戏，也会有些小改变，比如今年的巡演，我们就做不同的舞台，大幕、二道幕和传统的不一样，简洁漂亮，我演出的时候还特意问观众喜不喜欢这个舞台，都说喜欢。我们很开心，因为是认真做的，是想把戏曲美化、现代化，让观众觉得古老的故事离自己不远，与自己息息相关。

问：对未来青研班的学生有什么寄语吗？

青研班当时给了我很多收获，青年演员如果进了青研班，要珍惜宝贵的三年，稍纵即逝。我当时工作太忙，学两三个月就得回上海排戏，然后再回来上学，觉得没很好珍惜上学的时间，所以要多争取时间留在北京学习，否则将来回头看，会有遗憾。

简介

史依弘，上海京剧院演员，毕业于中国戏曲学院第一届"青研班"。年轻时以武戏在沪崭露头角，后工青衣，宗梅派。2016年4月启动"占尽风华"2016史依弘全国巡演，试水京剧商演市场，先后在北京、天津、深圳、广州等城市连演《红鬃烈马》《凤还巢》《玉堂春》《游龙戏凤》等剧目。

李宏图访谈

采访撰稿：李源远　卢路路

采访背景

　　9月24日，阳光明媚的周末，北京京剧院练功房。我们清晨便匆匆赶去，却发现李宏图老师已经练完功、背好戏，开始指导学生了。整个上午针对不同问题李宏图耐心回答，谈了许多很有见地的想法。第一次近距离接触李宏图，认真、专业，是对他的第一印象。他是个表演经验极丰富的人。听经验老道的演员讲自己的本行，说话的语气和神气儿里那种自如、熟练、如数家珍的感觉，特别有魅力。王安忆写过，她特别不喜欢有人过分煽情渲染劳动人民辛苦劳作，这样说话的是没见过真正的老干活把式。看李宏图这样的行家做事儿，又快又妥帖，挥洒自如且乐在其中，非常舒展，觉得再如何渲染都不为过。

　　问：转眼青研班已开办二十年了，您作为青研班首届学员并参与此次纪念青研班二十周年演出，您最大的感触是什么？

青研班从1996年第一届到现在已经举办好几届了，转眼已二十载。在青研班学习的这三年是我人生中一段很重要的时光。二十年过去了，我们青研班的同学，在各行当、各流派领域都有不错的成就，我们所取得的这些成就要仰仗和感恩在研究生班这三年的学习，是领导和老师给我们提供了这样一个宝贵的机会。

在进入研究生班学习之前，很多演员已经工作过一段时间，也有很多已经有一定的名气和影响力了，所以要先找准自己的定位，不能带着自满的情绪，认为自己很不错，而是要以学生的身份，带着虚心求学的态度回到学校学习。其次，我们学员身上都存在着不同程度的问题，比如从小进剧团学戏，文化程度可能比较低，忽视了自身文化修养的积累，认为京剧表演只要把基本功练好，在台上充分发挥行当和流派的作用就够了。实际上演员随着年龄的增长，舞台实践的增多，到最后靠的是文化的支撑，文化和艺术是密不可分的。简单举例，京剧大部分演的是传统剧目，传统戏中的人物与我们相隔年代较远，如果一个人的文化水平不高，不去阅读一些史料书籍，只是简单凭借自己的认知去想象，是很难将人物把握准确的。通过在研究生班老师的口传心授和理论知识的学习，我们对人物有了更加全面的了解和更精准的把握。这也让我认识到创班意义之所在，党和国家开

李宏图访谈

办这样一个研究生班的目的，是通过这样的形式，引起社会各界多关注戏曲。而且跨时代的京剧人，必须具备文化知识修养，成为学者型、探索型的演员，而不仅仅是艺匠、艺人。

问：此次参与纪念演出的大多是青研班的学员，和同学合作这种强强联合是不是又能碰撞出新的火花？

在青研班中，我和师兄师弟们在一起相互交流、学习，相互合作、探讨，相得益彰，这样的交流我认为对京剧的发展是很有意义的。这次我们再次相聚长安大戏院，除了庆贺青研班成立二十周年，更重要的是通过这十几场的演出，让戏迷观众们看到，在这二十年的时间里，我们有思考、有提高，我想所有参与此次活动的演员都有一个共同的愿望——通过我们的努力，给观众朋友们交上一份满意的答卷，同时也借此机会祝我们青研班二十周年生日快乐！

问：《群英会》周瑜应该算是小生行当中的雉尾生吧？您能谈谈雉尾生的一些特色吗？

说到雉尾生，通俗地讲，武戏多一点，富有英武阳刚之气。文戏中也一样，充满朝气，因为小生这个行当多表现三十五岁以下的青年男性，也就是现在流行讲的"小鲜肉"。除了外表俊美潇洒，还要有悦耳的音色。小生采用真假声结合，如果结合不好，就会阴阳怪气。结合好了，则有很高的欣赏价值。另外，京剧行当众多，假使舞台上只有一种单一音色，那么就会失去艺术色彩，没有味道。艺术就是要风格各异，色彩不同才更有吸引力。所以京剧有这么多的行当和流派，有不同的声音和表演风格，这样的舞台才生动有趣。

问：您此次参与《群英会》和《龙凤呈祥》的演出，都是扮演周瑜一角，您认为两出戏中的周瑜有哪些不同之处？

《群英会》和《龙凤呈祥》这两出戏都是所有年节必演的京剧剧目，是一代代前辈艺术家们精心打磨出来的经典之作。剧中囊括了众多的行当和流派，是具有相当高标准的剧目。所以我们每一个演员在学习、演出过程中，都肩负着流派传承的责任。至于周瑜一角，《龙凤呈祥》中的周瑜和《群英会》的周瑜有着很大的不同，包括历史背景和故事情节不同，周瑜自身的地位、心境等方面都是不同的，所以呈现出来就会有不同的看点。举例来说，《群英会》中的周瑜头场穿蟒，之后是箭衣、褶子、帔，按照我们叶派小生的规矩，服饰不同，台步、眼神等表演都是有所区别的。但是，同一人物在不同剧目之间其实也有很深的连带关系，一环扣一环。如果演员在演戏时只顾局部不考虑全局，主人公的思想脉络将不顺，这样表现出来的人物，和经自己深入思考、理解过所表现出来的人物是有很大差距的。

问：请您谈谈在刻画和塑造周瑜这一人物形象时最难把握的地方在哪里？周瑜这一人物的表演特色又在哪里？

从历史上来讲，对于周瑜这个人物的评价有很多是不公平的。然而京剧的取材更多的是来源于《三国演义》，《三国演义》有一些自己的角

度，着重是对刘备、诸葛亮这一方的赞扬。而历史上的周瑜跟《三国演义》中所塑造出的周瑜是有所区别的。前辈艺术家们延续《三国演义》中的思想，所刻画出来的周瑜是一个心胸狭隘、嫉贤妒能的人物。而当我们在塑造这一人物时，要有自己的思考：周瑜作为三军统帅，是一位政治家、军事家。他是有将帅之风的，鲁肃也评价过周瑜是"一块没有瑕疵的美玉"。从他的学识到长相，从他的武艺到胸怀，以及他的政治谋略，在三国的人

物中是非常优秀的，可惜他英年早逝，没有发挥他应有的作用。随着自身审美水平的提高，才觉得前辈艺术家在打磨剧目和创造人物时，是经过了很多年的思考和不间断的训练才能够准确刻画人物的。在过去，我师爷叶盛兰先生被观众誉为"活吕布""活周瑜"，皆因他对每一个人物都有精准的把握和深刻的理解，才能刻画出活灵活现、生动形象的角色。

纵观《群英会》，小生的分量很重，全剧有大量经典的唱腔、念白和丰富的表演。尤其是我的师爷叶盛兰先生，他将全剧周瑜这一人物的塑造推向了一个高峰，堪称经典。包括设计舞剑等大段繁重的表演，这都是周瑜内心独白的外化呈现。可想而知，如果这出戏中的周瑜站不住，那这个戏的可看性就大打折扣。举一个简单的例子，周瑜"舞剑"的表演，一些人认为只要把身段和功架做漂亮，就能够达到效果。其实不然，周瑜此时此刻的"舞剑"表演，实则将他内心的情绪通过功架外化给蒋干看，给观众看。当时的情形，曹操大军压境，周瑜通过"舞剑"来表现自己内心的淡定，让蒋干放松警惕，这样才有了后面的"盗书"。京剧不同于话剧，可以有大段的独白表现人物内心的感情，京剧舞台上任何一个设计都是在表达人物的内心情绪。比如

李宏图访谈

一个"嘟""仓""台"，一个动作、一个眼神，就要把人物的内心情感表达出来。也只有经过千万遍台下的训练，才能在舞台上达到完美和准确的呈现，这是相当不容易的。京剧之所以被称为国粹，就是因为它创造了很多富于想象力的表演手段，是令人惊叹的。

问：很多观众喜爱看《群英会》是因为各角色之间内心的暗斗表现得很淋漓尽致，您是怎样体会人物的内心情感，又是如何外化表现出来的？

其实《群英会》最大的看点是表现人物之间的斗智，要说如何将内心情绪准确地外化呈现出来，我认为还是要先从了解人物、揣摩人物内心开始。京剧不同于话剧，话剧重视面部表情的表现，而京剧除此之外还要结合身段。比如剧中周瑜拦住要破口而出的鲁肃，他那种刻意又假装自然的表现以及诸葛亮如何看在眼里的神态，等等这些内在心理活动都是需要演员私下一遍一遍地练习和磨合才能最终得以完满呈现。再比如，周瑜上场后的四句摇板："曹孟德领人马广聚粮草，聚铁山必埋伏大将英豪……"不仅要唱出他的大将胸怀，还要唱出他坚定的信念。赤壁之战是历史上典型的以少胜多的战役，所以剧中的周瑜作为三军统帅，要表现出他的气势、气场，一个抖袖，一个转身，这些细节上的表演都必须不失他的身份。对周瑜的表演不同于吕布，不能过媚，吕布抖袖时水袖可以超过眉头，但周瑜不可以，周瑜所有的动作都要以稳、以儒为主。总之，用简单的语言概括容易，但真到舞台上呈现却是难之又难的，演员需要对镜不断练习，请求审美观较高的人来品鉴，一点点打磨最终才能得到观众的认可和喜爱。

问：其实您在进入青研班学习之前就已经接触过这出戏了，也演过很多次，请您谈谈跟随叶少兰老师再学此剧的一些体会和感受，以及怎样去

把握一出演过很多次、很熟悉的剧目？

其实我认为老师最主要的是教给我们学习方法，怎么去感受人物，怎么去体会人物，怎么去自我消化和打磨。但有些东西是需要经过长期积累才能消化掉的。叶派艺术非常讲究规范，哪怕一个转身、一个眼神，一个掏翎子、一个捋穗子，都能突出这个流派的艺术特点。从叶盛兰先生到叶少兰先生，他们处在不同时代，创作了大量的优秀作品。典型的就是"周瑜"和"吕布"，是最具有代表性的。到了我这辈儿，作为再传弟子，我要将师父身上的艺术特色吸收到自己身上，进行消化。出于各自条件的差异性，我们不可能完全复制他们，但是我们可以通过向老师请教，再加上自己不断地琢磨、思考，如此我们可以呈现出一个新的，有我们个人自身特色的周瑜和吕布形象出来，相信观众也能够认可我所表现的人物。

1978年我首次开始接触《群英会》这个剧目，当时是李德彬先生教我，到后来跟师父叶少兰先生学习这出戏，然后就不断演出。这戏我演出了少说也有六七百场，太熟悉了，张嘴就能来，也忘不了。但是一出剧目如果太熟反而会出现一个问题——容易演油了。所以，我对自己的要求就是，每一次演出都不能当成重复劳动，而是当作一次艺术的再积累。因为每天面对不同的观众，观众每次会有不同的反响，应该认真总结观众的不同感受，进行艺术雕琢，这样可以促使自己不断进步和成长。除了观众外，每次演出合作的演员都会有相应的调整，所以每次演出都会得到新的感受和新的启发。

问：很多人都不是很理解京剧小生中的"龙凤虎音"，麻烦您再给我们解释一下吧。

我曾经也写过关于"龙凤虎音"的文章，龙凤虎音是我师爷叶盛兰先生创造和发展的。所谓龙音，就是有高亢挺拔的气势。虎音，就是虎虎生威，我们所说的后齿音、共鸣音。凤音我认为就是这两者之间的结合过渡，是柔媚之音，是高低音之间的过渡。

问：您怎样看待当今流派的发展以及戏曲的现状？

流派艺术要先继承再发展，两者并不冲突。先好好继承前辈艺术家们的艺术精华，只有很好地继承了才能更好地传承发展。戏曲是以歌舞演故事的，而今的观众对演员的要求比原来要高得多，过去很多人去戏园子就是为了听几句唱，过瘾了就满意了。可如今不一样，唱念做打武，观众哪一方面都想欣赏。原来的观众是冲人来的，今天的观众则是冲戏来的。戏演得好，才是好角，才能把观众留住。这对演员的要求大大提高了，可是现在的演员又比不上老一辈，不管是艺术积累还是其他方面，所以我们遇到了戏曲发展的瓶颈期，如何顺利突破瓶颈，也是我们这些人一直在思考的问题，我们要尽最大努力来完善、提高自己。

问：当今看戏不再像过去一样困难了，随着电视、网络传媒的普及，观众足不出户就能欣赏京剧，但电视画面不同于舞台画面，请您谈谈作为演员如何应对舞台与镜头？

有些时候，演员为了给自己加戏，在别人念词的时候转个身，抒个髯口，这些动作都是不在规定情境当中的。随着电视的普及，有时候演出会录像和直播，当你在台上时，有镜头对着你，可能你根本不知道，这就很容易出现没戏的情况。许多导演都非常喜欢录叶少兰先生，因为不管在什么时候，他永远都在戏里，永远在人物当中。

简介

李宏图，国家一级演员，著名叶派小生，中国戏曲学院首届京剧研究班毕业生，第十八届中国戏剧梅花奖得主，文化部授予的优秀专家称号并享受国务院政府津贴。师从祁荣文、李德彬、江世玉、张春孝、李金鸿、茹元俊、黄定、刘雪涛、杨明华等，并曾得到俞振飞的指教。1993年拜叶少兰为师。李宏图天赋出众、勤奋过人，扮相英武俊美，台风潇洒大方，嗓音高亢婉转，文武兼备，以扎实的基本功和娴熟动人的演技赢得业内外人士的一致好评，是当今中青年京剧实力派明星群体中最活跃，观众声望最高的京剧小生翘楚。

舒桐访谈

采访撰稿：张昆昆　张睿琦　白　强　谈　悦

采访背景

　　对舒桐老师的采访是在他的办公室进行的，舒桐老师的办公桌上摆着景先生的照片，提醒着自己。舒桐老师讲了很多有趣往事和学艺经历，在此以飨读者。

　　问：在这次青研班纪念演出中，您饰演了《战宛城》和《群英会》中的曹操，您是怎样理解白脸曹操这个人物的？多年以来，您学、演这两个剧目又有何体会呢？

　　这次青研班二十周年纪念演出，我参演了《战宛城》和《群英会》，扮演的都是曹操。在我们京剧行内，有"铜锤怕黑，架子怕白"的说法。就是说架子花脸里最难把握的是"白脸"人物，因为他心理层面的东西比较多，他不像普通的架子花脸那样性格张扬、情绪外化，或常常直接地宣泄情感，或用夸张的身段动作来诠释人物。架子花脸里的"白脸"一般是位高权重的人物，他们高深莫测，或者可以说是内心阴暗有心计。在京剧舞台上，我们架子花脸演员得有一定的艺术积淀，才能塑造好这样的人物。

《战宛城》这出戏我演过多次，过去我们称它为大合作戏，剧中有五个主要人物：典书、曹操、张绣、邹氏和胡车儿，过去够资格演这种大合作戏的，都是好角儿。现在活跃在舞台的武生，像王平、王立军、奚中路、赵永伟、杜鹏等老师，都演过这出戏。

我的《战宛城》是青研班导师景荣庆先生亲授，景先生演的"曹操"脍炙人口，我在学习的过程中，模仿老师的表演细节，尽量去感悟、体会他说戏时的要求，在演出中反复揣摩，这才有了我今天的舞台呈现。至今为止我仍然达不到老师的境界，但我非常喜欢这出戏，也演过多次，所以在人物上有自己的一些认识。

现在能看到的《战宛城》音像资料中，比较有代表性的是我的老师和王金璐先生、陈永玲先生、艾世菊先生他们合作的版本。我每次演这出戏之前，都要拿出这些音像资料再看，包括演《群英会》中的曹操，也是反复地看资料。从这些珍贵资料当中，我能够学习到在《战宛城》《群英会》里如何塑造曹操这个人物，如何运用技巧，如何把握曹操跟其他人物的关系。比如与张绣，曹操的权势和图谋给张绣政治上的压力。又比如见到邹氏，曹操又暴露出人之爱美的本性。有人说曹操作为军事家，不应该这样（好美色），我觉得恰恰相反，多么有权势、多么位高权重的人，他也有非常人性化的一面，这才是活生生的曹操形象。

观众现在很关心《战宛城》后面这段戏，就是他在枯燥的军事生涯当中，取得战争胜利的时候，遇到了赏心悦目的女子。邹氏正值芳龄，却守寡三年，（和曹操的这段戏）从人的本性来说很正常。（他和邹氏的互动）对过去接受正统教育的人来说，会有些冲击，但是我觉得这恰恰反映出曹操真实的、人性化的一面。我对《战宛城》中曹操的认识，就是他前面是个政治家、军事家，后面是一个被胜利冲昏头脑，放松了自我约束，并且将错就错，欺负张绣的人。

《群英会》里的曹操与《战宛城》中的曹操有区别，《群英会》的背景是战争时期两军对垒。这出戏里，曹操雄心勃勃夺取了江东，但是中了周瑜的反间计，因一封假书信草率地斩了熟悉水战的蔡瑁和张允，后来又重新醒悟。虽然是同样的人物，但是不同的历史背景和剧情要求演员塑造出的东西是不一样的。人物的状态、气度、气势都不一样，观众在观看的时候肯定有不同感受。

问：有了对曹操的认识，在京剧舞台上您是如何再塑造曹操这个人物的？

京剧表演有非常高级之处，举例来说，《战宛城》中的"马踏青苗"，曹操那么长的胡须，身穿长袍，怀抱令旗、令箭，脚下穿厚底，等等服饰装扮。但要求动作干净，令箭、令旗、髯口，帽翅马鞭、蟒袍、厚底等，都不能缠上，看似就一个简单的"趟马"，但那些东西从头到脚把你束缚住了，表演起来还是有难度的。所以我们行话说，你先穿上扮上，先把这些东西择清楚了，没有负担了，再来谈什么内心世界、外在情境。

我总说，掌握京剧的程式动作是第一步，先把这个掌握了，再说人物体验，内心潜台词。比如"叫小番"上不去，揣摩了半天，还思母呢？您别思了。我这么说，您一笑，但这就是一个很深的道理。京剧不可能背离它雄厚的、扎实的基本功，背离历代艺术家提炼出的"程式"，这些东西很多是角色内心的外化表现。老先生们说"发于外而行于内"，外化的东西都掌握了，再来谈《战宛城》里这马是怎么陷在麦田当中，曹操怎么看天上斑鸠飞起，怎么控制住在麦田中飞奔的烈马，让观众看到你外化的表演，这是首要的，这些都是老师们多年经验总结出来的。

《战宛城》后头的文场，观众现在比较爱看，曹操和邹氏这两个人，所谓调情的情节，那都是京剧很有内涵的东西，表演出来有各种细节，而且它不粗俗。比如说在过街楼上，曹操听到琴声的时候顺声寻找，演员从耳朵到眼神，得让观众能感受到曹操是先听声，然后曹操顺着琴声寻找，结果发现楼上有个美人。但是这时曹操是背着观众的，您看老先生演的感觉——在那一瞬间就把内心的惊叹"哎哟"外化了。如果光是自己心里觉得好美啊，观众他看不见，能看见的就是这么一点小动作，肩膀微微一晃，表现骨头都酥了的感觉。曹操见到邹氏后，两个人四目相视，迸出火花，但他又不能直接表露。曹操不想离开，他的侄子一看见曹操走不动道了，说咱们走吧，于是就有动作出来了：一搭扇子，拽着我（曹操）回去，我又恋恋不舍，就运用了蹉步这个动作，台底下每次看到这里都有反应。什么叫有反应，就是观众看懂了你舞台动作的语汇。京剧舞台上，没有观众看不懂，只有演员做不到。

我举上面这些例子就是想说明：我们京剧演员在台上表演，除了外化的动作需要训练，还需要揣摩它内在的东西，了解它表现出什么意思。例如，曹操把邹氏抢回来见面，在舞台上要有一个距离感，舞台上特别忌讳真的动手动脚，这是不可以的，但是咱们的前辈巧妙地运用了道具，比如说水袖、扇子。作为曹操，上来就摸人家的手，肯定不能，不合身份，而且旁边还有人呢，他就用舞台道具让观众明白，听到"叔父，您看那"，他还得端着，用扇子搭到旦角的手上，旦角也是心领神会了，俩人一对眼神，曹操就按捺不住内心的喜悦，邹氏也是一害羞，这就是两个人的交流。京剧演员除了要掌握扎实的基本功，还要掌握动作语汇，自己得明白为什么要这么做动作，动作表达的是什么。

问：有句话说"十年难出架子花"，您怎样看待"架子花"的传承问题？

架子花脸它为什么难？因为它要和不同的角儿搭戏，从声音上你要随角儿的调门，赶上高派，就得正宫调，赶上杨派，就得E调，你都能跟别人去匹配。老生有"马谭杨奚"，旦角有"梅尚程荀"，架子花脸必须要服从这些人的调门，这些人的舞台风格，并且需要你掌握大量的知识。只有小心拿捏、仔细揣摩这些舞台角色，才能更好地去服务于这出戏。

架子花脸还得会表演，得有不同的调门，要有漂亮的功架，得会很多的戏。比如说一个流派老生有看家的几出戏，像《失空斩》《碰碑》《四郎探母》《红鬃烈马》等，可以经常演这几出，而架子花脸不行。应了不同戏班的邀约，就得会他们不同的剧目，你想你要掌握多少剧目。现在架子花脸人才难出，因为要求太全面，舞台上他又处于从属地位，在大多数院团里也是以生、旦为主，而大家都想做主演。架子花脸的传承和出人才都有局限性，因为有客观的各方面的要求。

我觉得既然演了架子花脸，这个行当、角色赋予你的使命就要认真完成。景先生常说，你要完成你的活儿，你要把活儿干好，哪怕一出戏里的小角色，你如果让小的角色发光，同样会给观众留下深刻印象。作为一个演员，总说"不能千人一面"，特别是我们这些花脸。我们老师说，架子花脸一般都是配角，一定要摆清自己的位置。他就是绿叶，做好绿叶，

舒桐访谈

衬托花儿，研究怎么抬戏好看，这是架子花脸要完成的任务。我们不要老想去当那朵花，有我们当花的戏，比如《战宛城》《连环套》《黄一刀》《取洛阳》等，为什么现在很多人不爱做架子花脸，因为百分之八十到百分之九十的戏里都是配角。但是很多戏里恰恰离不开这配演。比如：《失空斩》主演肯定是诸葛亮，那么司马懿、马谡是配角，马谡演绎得好才能衬托出"诸葛亮挥泪斩马谡"这一段故事的悲壮，只有你演好司马懿的愚蠢，才能表现出诸葛亮空城计的成功，这些都是相辅相成的。

问：能请您谈谈自己学艺的历程吗？

我来自一个梨园世家，姑祖父是小生前辈程继先，就是大名鼎鼎的叶盛兰、俞振飞的师父。父辈出科天津稽古社子弟班，母亲毕业于"四维戏校"。从祖辈到父母全在这个行业里，但是我学戏很晚，初中毕业才进戏校，而一般学京剧的小孩是小学没毕业就进戏校。我十四五岁的时候才开始学戏，身体已经开始发育了，基本功这块儿受的苦比那些师弟都多，但我就是喜欢京剧，上了大学以后，同学们都说我有"戏癌"，因为我整天磨在这里面，平常除了研究戏，基本上没有别的嗜好。我从内心深处对这个行业特别喜爱，所以才能一直坚持到现在。

学戏过程中，我也遭受了很多挫折。像中专学戏的时候，有领导来看汇报演出，老师挑选孩子演戏都喜欢活泼可爱的，不喜欢我们这些"倒仓鬼"，派给我的任务就是拉大幕。学了这么多年好不容易有一次展示的机会了，结果去拉大幕，有点失望，但是还是继续坚持。中专毕业到进入剧团，期间我荒废了将近一年时间，天天没事儿干，单位也不接收，就在当地漂着，成待业青年了，这期间甚至还卖过鱼虫。

1993年有一个好的契机——中国戏曲学院招生，我就辞去工作考了大学。因为当时工作的地方戏曲发展不是很景气，学了那么多年，我怕自己一身功夫都浪费了。那时候进京剧团不久，因为刚被培养出来就要走，单位就不让辞职，但我就想为了自己的事业能够更进一步提升，坚决辞职求学深造。

到戏曲学院以后，竞争也比较激烈，我们是从最基层的演员做起。周龙院长他是我当时的班主任，我们来到学校后就常陪着他演出，像《大闹天宫》《小商河》这些戏里都能看到我的身影，当时我就是翻跟头的小龙套。我们上学期间还到各院团搭班实践，所以很熟悉剧团的社会环境。其实所谓社会实践就是翻跟头，我们都是从基层演员一步一步干到今天的。

本科阶段我在马名群老师的指导下掌握了一些花脸的剧目，成绩比较突出，本科毕业之后，我顺利留校当了老师。当时情况是这样的，毕业时我演的剧目在中央电视台戏曲频道播出了，当时中国京剧院的领导看到这个节目后，觉得我条件非常好，想要吸收我；但学院这边因为马老师临近退休而缺老师，就跟我谈了一次，希望我把学的这些东西传承下去。当时没有人愿意当老师，因为当老师很穷，而剧团总是出国，收入也比较高，所以当时同学们都想上剧团去，特别是有舞台表演能力的同学比较愿意上剧团。但是我一想到学校培养了我那么多年，老师培养了我这么多年，于是毕业就留到了学校。后来学校也是给我创造了很多演出机会。

1997年，我留校之后做了班主任。带的头一个班，是张丹露那一届，第二个班出了很多小有名气的演员，比如金喜全、张馨月、刘魁魁。带第二届学生的时候，我开始跟于魁智师兄合作，与他们团合作排演了很多剧目，像《弹剑记》《满江红》等。这些年来，我一直跟剧团保持良好的合作关系。

因为有这些经验，我常劝自己的学生，社会实践搭班，一定要搭"大班儿"，得上高楼接触高层次的人，你才能提高艺术水平，才能树立正确的艺术观念。我当时合作的演员，有于魁智、李胜素、江其虎、李海燕、张建国、朱强、李宏图、王平、奚中路，等等。通过他们在艺术上带领我们，我

舒 桐 访 谈

的表演逐渐成熟，现在在舞台上还能够一起经常合作，这是我的受益之处。社会实践"搭班"一定要搭高水平的，它会潜移默化地影响你。你得往高的层面去奔，反之，永远没有压力，你会觉得我已经学完了，我已经很不错了，那永远进步不了。这就是说眼高手才能高。

问：进入青研班学习，对您来说有哪些收获？

2003年第三届青研班招生，我是终于盼来了进青研班的机会。青研班是很好的艺术提升平台。读青研班，我们有机会跟全国知名艺术家学习，而且能跟那么多好的同学合作。我们青研班有很多艺术上知名的同学，像杜镇杰老师、迟小秋老师、董圆圆老师，等等，都是我们同班同学，我们一起合作、学习、交流，艺术上互相帮助、相互促进。

青研班期间，我最有幸的是遇到我的导师。我跟着景荣庆先生学戏，

老师对我比较器重，也很满意，给我传授了很多剧目。很多角色都是老师亲传亲授。青研班阶段是我艺术道路上的转折，我的艺术水准得到了提升，直到老师故去，我一直没有离开老师，所以我能有今天小小的成绩，最主要的原因就是得到了景老师的倾囊相授。他的代表剧目都教给我了，比如《黑旋风》《取洛阳》《除三害》《逍遥津》等，我觉得我有责任把带有他风格的剧目传承下去，这也是我作为一个老师的责任吧。

　　我的办公桌上一直放着景先生的一张照片，算是我对老师的一份念想，也是告诉自己，老师在这里看着你呢。这张照片是老先生八十岁时在长安大戏院演出拍的，也是演曹操，今年青研班二十周年我在同一个戏院演同样的角色，像是冥冥之中的安排，令我百感交集。

　　问：您作为京剧演员，同时作为京剧教育工作者，您对京剧艺术以及它的传承有什么看法？

　　我一直认为京剧演员身上传承的就是中华民族优秀传统文化，有人说"演员没文化"，其实只能说我们课本学得比别人少。相对于学习书本知识的人来说，你学会这门艺术，你就是传承了一种文化，只不过你表达的方式不同，别人是用文字语言，你是在舞台上以身体演绎这种文化。没文化的人欣赏不了京剧，看不懂京剧，听不懂京剧的人绝对没文化，首先他的心静不下来，是浮躁的；听不懂它的词儿，你没文化。京剧的大水词儿，怎么听不懂啊，大水词儿您都听不懂，您是有文化吗？"一马离了西凉界"你听不懂？"杨延辉坐宫院自思自忖"你听不懂？你能有文化吗？

　　京剧是一种文化，能欣赏京剧的人须有一定的文化素养，才能听得懂，看得懂，才能领悟到它每个故事的内涵，把玩出它的韵味。比如说，杨延辉"坐宫"，他通过忧郁的唱腔表现出深锁深宫，又思念家乡老母抑郁的心态。他忧郁的唱腔，这不是文化是什么？你没有相似的生活体验，或者从文艺作品中习得的间接经验，你就体会不出唱腔的韵味。这些都是京剧内在深层面的东西。

　　我感觉现在的孩子们还是很浮躁，太急功近利，学一出学两出，就想达到什么高度，那是不可能的事儿。京剧是个金字塔，更多的面积是基座，只有基座扎实了，金字塔才能越建越高，否则就是空中楼阁。京剧是慢工出细活儿的，而现在年轻人讲究快节奏，传承这门艺术就会遇到这个问题。匠人精神说来简单，为什么日本一把铁壶那么贵？它就是几代人坚持来干一件事，我就觉得京剧也需要匠人精神，就得潜下心来去淬炼打磨，像文玩，你得让它慢慢地包浆，才能有内在的韵味。

　　京剧的东西太高级，它吸收了很多剧种的精华，雅俗共赏，既能上得了厅堂，又能下得了庄院。京剧这门艺术不好传承，因为它的学习、演艺和传承需要经历漫长的道路，需要一生的时间去坚持，才能取得一点点成绩，所以从事京剧行业的人需要不改初心。也许一生为之奋斗，还不见得能达到自己追求的高度。

京剧的内涵是需要我们去挖掘的。我也写了一些东西，傅谨老师、谢柏梁老师跟我聊天说，你要写你看得懂的，你别写你看不懂，我们都不看的，这很有道理。也就是说，我们从演员的角度，从表演的角度，特别是从我们能写的角度出发去写东西，这就跟理论家写的东西完全不一样。有理论家也说，您这字儿、气儿、味儿，我写不出来，人家很坦诚。而我们演员的强项就是我刚才讲的这些，比如琢磨一字一句，琢磨一个眼神。观众也好、内行也好，我们应该互相去学习，研究揣摩剧目。

我现在正倡导年轻人写京剧导读，就想要写一些故事，让外行看了能够说，去看看这戏，有点意思。导读故事浅显易懂，而且可以让读者知道这出戏的看点。比如《钓金龟》唱了那么多年了，这出戏的看点一是它的声腔，从听觉感官上欣赏它；二是观众可以从中感受咱们中华民族传承下来的孝道。很多剧目都蕴含了纲常教化，有劝人行善的精神。

现在大家爱追捧"小鲜肉"，这是这个时代的娱乐文化，但毕竟是个昙花一现的东西。京剧为什么现在还保存有深厚的内涵，就是因为它是几代人的艺术积淀、文化积淀。现在政府、业内对青研班的关注支持让我们看到了曙光，在这个浮躁的时代，我们的文化自信有回归的趋势。

拿悲观的话来说，如果传统文化的坚守者、从业者不去守护和传承了，那么咱们这种几百年、几千年传承的文化，将会走到何等地步？这话说得好像跟现在的年轻人没多大关系，但大家几十年后可以再回想我今天说的这些话，文化一旦没了，咱们中华民族，何以在世界中占据一席之地，何以显示自己的分量，中华民族的血液里流淌的是咱们的民族文化呀。这也就是说为什么习总书记强调文化自信的原因。

现在不提孔孟之道了，这些孔孟之道的理念，这些信条，或者遵从的一些东西，这是咱们的根啊。咱们的血液里流淌的就是这个东西，这是我们无法去改变的。既然在这个环境当中，血液中流淌着这些东西，我觉得咱们有责任，做好自己的事情，做好我们传统文化的守护者。我只要求自

己，不要求别人，教育别人，我先把自己要求好，今天能做的就是做好京剧的守护者和传承者。

问：同时兼顾教学管理还有舞台演出，一定很繁忙，您对自己的工作和生活是如何规划、安排的？

我的生活一个字就是"累"。我作为老师，现在还在管理岗位，自己又舍不得离开舞台，因为从舞台上来说，现在正是很好的年纪。"累"是常态，白天要处理完系部和青研班的工作，下班后要练功、演出。我到现在仍坚持每周练功至少三次，都是利用下班之后的时间进行；也没有停止在舞台上的演出，特别是跟一些名家的合作。像今年十一期间，我去了上海两天跟王立军彩排了一次《战宛城》，完成空中剧院直播的《谢瑶环》后，又演了《群英会》，最后到"梅大"跟张建国老师演《兴汉图》，隔天再演《战宛城》。十几天连续作战，一是考验我的体力状况，二是考验我的艺术积淀。我一定要保持这种紧张的工作状态，再累也垮不下来。就像一匹马似的，如果卸了缰绳卸了套，再想让它驰骋起来，肯定不行。虽然累也仍然保持积极的工作状态，协调好各项事务，比如该上课的时候就要保证好课堂教学质量。

一个人的精力和时间是有限的，教学、管理、演出已经把我二十四小时全部占满，那么业余生活只能放弃。你要做传承者和守护者，就得牺牲很多。我大学毕业的时候，一位老领导送了我两个字"舍得"，我到现在都记得。"舍"在"得"前面，不要老想着去"得"，必须先"舍"，你可能舍了十年还得不到"一"呢，"舍得"这是我的座右铭吧。虽然很苦很累，但我是幸福的，因为做的是我自己喜欢的事。

问：您现在作为青研班的班主任，对青研班的学生有什么寄语？

同学们要珍惜这三年的学习时间，三年一晃而过，以后再想有这么集中学习的机会就难了。比如我们每周要请一位表演方面的艺术家或理论研究专家给学生上课，机会就很难得，要珍惜这段时光。另外，戒骄戒躁，

舒桐访谈

你是想成为载入京剧史册中的一员，还是仅仅昙花一现？就看自己怎么把握了。

简介

舒桐，满族，中共党员，工花脸。教授、国家一级演员。中国戏曲学院京剧系主任兼中国京剧优秀青年演员研究生班主任、研究生导师。先后毕业于宁夏艺术学校、中国戏曲学院、中国京剧优秀青年演员研究生班，著名京剧表演艺术家景荣庆先生的学生。先后授业于：张元奎、叶盛富、李维坤、马名群、马名骏、李长春、张关正、贺春泰、席裕身、苏敬武、贾士铭等老师。又得尚长荣先生的指导。基本功扎实，功架稳健，嗓音高亢，表演风格规范严谨，文武兼备。

擅演剧目：《芦花荡》《连环套》《钟馗嫁妹》《战宛城》《打严嵩》《李七长亭》《黄一刀》《群借华》《取洛阳》《牛皋招亲》《霸王别姬》《黑旋风》《李逵探母》《御果园》《刺王僚》等。

在专业期刊发表多篇论文及个人专辑，获CCTV第五届全国京剧青年演员电视大赛银奖、国家级舞台精品剧目奖、第四届中国京剧艺术节表演奖、中国京剧基金会全国艺术院校教学金奖、CCTV首届"学京赛"园丁奖；文化部录入《中国当代戏曲人才大典》；教育部国家级精品视频公开课《中国京剧经典剧目鉴赏》主讲；北京市委宣传系统"四个一批"人才；北京市"高创计划"——哲学社会科学和文化艺术领军人才。

李军访谈

采访撰稿：郑媛文　白　强　谈　悦

采访背景

　　本次青研班二十周年纪念演出活动期间，于10月6日长安大戏院上演的《二进宫》中，李军饰演杨波。在演出前，他接受了我们的专访，现整理成稿以飨读者。

　　问：您是首届青研班毕业的学生，当时是什么契机获得了进入青研班学习的机会？

　　当时中宣部丁关根部长倡议开设研究生班，在全国范围内指定了二十六名青年京剧演员，我作为其中之一参加了入学考试。青研班的学习对我们青年演员很有帮助。当时，丁关根部长等领导对戏曲人才培养给予了高度重视，从宏观的角度出发，考虑培养新一代戏曲新人，这个决策是非常具有战略性的。在提高京剧演员文化素质的问题上，丁关根部长也同样有独特见解，他感慨：当年"马、谭、张、裘""梅、尚、程、荀"等京剧名家撑起了二十世纪初期京剧界的"一片天"；二十世纪六七十年代"样板戏"时期，杨春霞、童祥苓这些演员也是很了不起的。他认为，每个时代都要有具有鲜明时代特色的京剧精英。

早在青研班开设前，丁关根同志和学院的领导们经过仔细研究，明确青研班开设的方向，即，培养出各剧种的拔尖人才，且这些人才都能对戏曲的发展起到推动作用。现在青研班的毕业生超过百人，这样再过十年、二十年，新的演员梯队就会活跃在戏曲表演的舞台上。

青研班的学习改变了我对学习的态度：以前是老师让我学，现在转变成我要去学。读研时，忽然发现自己的知识储备跟不上需求。我们虽然在社会上有些小名气，但自己的艺术发展后力不足。这三年的文化学习，对我后来在舞台上大有裨益，对演戏进入人物、塑造人物，特别有帮助。

记得那时在青研班，学院为我们聘请许多专家来教授文化课：戏曲理论、中国文化史、古诗词、二十四诗品等文艺理论。毕业后回到剧团我们当中的许多人排了很多剧目，有排这些戏的能力与青研班的培养是密不可分的——是这些老师教我们怎么读剧本、怎么理解唱词、怎么解读人物。这种用大量时间来听课的机会，在以演出为主的剧团生活中，显得弥足珍贵。

厘清知识结构对一个演员艺术的进步非常重要。而青研班的学习正是帮助同学们梳理清晰戏曲理论的知识结构，我从中获益无穷。经过知识的不断积累，我提高了对表演艺术的认识，这使我们不会停留在卖弄技艺的层面。

京剧的专业性很强，没有专业技术完成不了角色的塑造，但过于卖弄技术又脱离了特定的情境，这个尺度很难把握。比如，某处需要一个翻身，演员翻八个也不为过，但如果一个跟头都不翻，那就完不成任务，这就是戏曲行业的特殊性。演员首先要有技术，其次，个头、扮相也都要符合审美需求，这样才能完成一出戏。学戏、演戏要讲究"度"，讲究节奏，讲究戏的神韵，这样才能领会其中的奥妙。

将来，我们这辈人成为老师，也会从这些角度出发来进行教学。这种教学方法有别于传统的戏曲教学法，比如，教一出戏，先要告诉学生这出戏是讲了什么故事、着重表现什么思想、重点塑造哪些人物。知识文化背景对于学戏、演戏是至关重要的，脱离了文化底蕴，学到的只是表演上的花架子，而丢失了戏曲的精髓。

传统戏都是基于特定历史的，如果不了解这些历史，不明白唱词意思，怎么能够把它演好？！脱离了文化底蕴，演员的表演就会显得苍白。有一次，我看一个青年演员演《击鼓骂曹》。表演中，他只顾打鼓，和"曹操"完全没有眼神交流，"曹操"在那里做戏，两位演员没有交流，人物之间没有建立起应有的关系，这怎么行呢？！

京剧是一门博大精深的艺术，在它形成的过程中吸纳了各种不同的表演艺术，如，汉调、徽调、梆子，等等。现在国内有八十六个大型京剧院团，京剧影响广泛，可以说"哪里听得到皮黄，哪里就有中国的文化"。即使在国外，有戏曲传播的地方也就都覆盖在中国文化的影响之下。京剧之所以能被称为国粹，是因为它特别需要文化的支撑，没有文化支撑的艺术，就会变成无源之水、无本之木，失去存活下去的可能。

良好的文化修养和文化氛围对成就一位好演员是必不可少的，我们可以举出许多例子，比如梅兰芳先生，在他的周围有罗瘿公、齐如山那些人帮扶；梅先生的画、尚小云的字、余叔岩的字，现在鲜有人能及。京剧漫长发展的长河中，无数演员前赴后继地为京剧事业付出着，但能够开宗立派的演员凤毛麟角，究其本质就是因为这些开宗立派的演员都有深厚的文化底蕴。他们能深度挖掘艺术，形成自己的风格；他们能自己解读剧本和

角色：梅先生的雍容华贵、尚小云的侠肝义胆、程先生的抗争精神。他们都是有各自的艺术理解和艺术特色，所以我们要在学习的过程中，更要不

断提升自己的文化修养、丰富自身的文化内涵。

　　青研班薪火相传，希望大家努力提高自己的文化修为。很多年来，经过风风雨雨，中国传统的文化生态已遭到破坏，我们现在能做的就是好好维护、修复这个脆弱的生态圈。

　　问：您拜马长礼老师，听说这里面还有些小故事？

　　是的，这其中的确有一段小故事。记得那是1987年，我和马老师一行人到香港演出，演全本的《杨家将》。由于室内外温差太大，马长礼老师感冒了。到他演《清官册》的时候，嗓子完全没法唱。方荣翔老师就在后台临时找人上台，找到我时，问我会吗？我说会，是跟梁庆云老师学的。其实我没演过这戏，方老师就把我拉到化妆间马老师面前，说赶紧扮戏。

　　这也是机缘巧合，当时我们厅长、方老师建议马老师收我为徒，马老师欣然同意。于是，在九龙摆了十来桌的拜师宴，我就正式拜了马长礼老

李 军 访 谈

师，跟随马老师学戏，我受益良多。

梁庆云、马长礼、李鸣盛、钱培荣、汪正华……这些恩师都对我特别好，也对我帮助很多，他们每个人都有自己的强项和特点，比如：梁老师醇厚，马老师身段飘逸、声音干净等。

当年拍电影《秦香莲》的时候，我打电话主动找马先生，请教他这段戏，他一听就说那你得过来。那天夜里，他就一直等着我。记得出差回来九点多下飞机，跑去他家里，先生一招一式给我讲：陈世美是什么感觉；跟秦香莲、包公的关系；当年电影怎么拍的；哪些镜头特别重要；都给说得清清楚楚。老师把体会告诉了我们，我们就会少走很多弯路。

我也曾跟随李鸣盛老师学习了全本《打登州》，之后又跟汪正华先生学了很多年戏，如《御碑亭》《捉放曹》《清官册》《洪洋洞》等等，真是受益匪浅。学剧目时，学习方法很重要——不同剧目、人物的念白、声腔都是不一样的，演现代戏就不能按传统戏的方法来要求自己，用杨派的方法来唱杨子荣就肯定不行，必须换成余派的方法才能唱【穿林海】。老师们教了很多手段来应对各种不同的戏，这是我这些年跟那么多老师学习的受益之处。

这些老师待学生都特别好。那时候到老师家去了，给你说戏，还请你吃饭，又吃又喝又拿，所以我们特别感恩。后来老师生病我们就天天守夜。李鸣盛老师去世的时候，做学生的感情上承受不了，他们像自己的父亲一样。没有这些老师，哪里有现在的我们。我们这些人机遇好，但还得

有好的老师、好的平台，自己还要勤奋，还要有天分、有能力，是各种因素造就了一个演员。

问：2014年您也参加了"文艺工作者座谈会"，有什么收获或体会吗？

文艺工作座谈会开得非常及时，可以看出中央对传统文化非常重视。改革开放以来经济发展迅速，但精神层面相对空虚。整个社会显得急功近利，传统文化消亡得厉害，再加上现代传媒娱乐对传统文化冲击也很大，加速了这种趋势。

这次会议，习总书记强调文化不仅仅是软实力，将来各国实力比拼的就是文化，所以，他对文化非常重视。会上习总书记从《老人与海》、托尔斯泰、席勒、《浮士德》等知名作家作品，讲了很多古今中外的典故。会上不同艺术领域的代表发言后，他的点评，与代表的交谈，能看出他对艺术文化的了解程度很深。现在党中央、国务院对戏曲的重视，对文化公益事业的重视，我们都是受益者，从中可以看出今后我们的发展方向。这个会议学习，对我们很有帮助，人民的艺术家要扎根于人民，演老百姓的事，演身边的好人好事，演人民英雄，这是习总书记跟我们说的。我们要真正把民族文化传承下去。

我现在开艺术工作室，每周每月演出，就是想把京剧传承下去。我现在正在排练一个"社

李军访谈

区华佗"的戏，长乐街道有位劳模医生，医德好，医术高，与病人的关系也和谐。我们走访街道、社区，反复了解，一提到这位医生，老百姓都争先恐后来发言，他的诊所已经是老百姓的家了，对病人问寒问暖。并且他还是优秀党员，这样的先进事迹不写怎么行？！所以要把这些好人好事提炼出来，写他们的故事。这个戏五十多分钟，已经排练出来了，在虹桥艺术中心，11月11日、12日先演四场，然后再进社区演出。

今年是建党九十五周年，我把于魁智、李胜素、孟广禄、尚长荣、童祥苓、陈少云等多位老师请到上海，演了两场，剧场爆满。我其实做不了什么，就是为老百姓干点实事。

今年7月份，我在青海参加了《七个月零四天》的演出，这是一部感人至深的作品。

这部戏是关于慕生忠将军，当年如果没有他，就没办法和平解放西藏，因为始终进不去那个地区：汉民进不去，藏民出不来。那时候国家没资金，而且同时在修的还有康藏公路。他带着一千六百名战士，带着中央给的三十万大洋、卡车、大铁锹，就去修路了。

在高原上，环境恶劣，缺少基本生活物资，就是拼人力。所以这个戏非常感人。现在在格尔木还有慕生忠的雕像，当地藏民像供奉神一样供着那座雕像。

我们戏里有句唱词特别感人，有个人去世前问："政委，我有个问题问你，若干年以后，人们还能不能记得我们这一辈？"我演这个戏付出了很大的心血，在甘肃演出的时候，慕生忠的家人都到场观看，演完后慕生忠的女儿抱着我，喊"爸爸"！他女儿一头白发，已经七十二岁的高龄！所以现在的人不能把他们忘记，修路的时候很多人陷在沼泽地里了，最后部队都是手拉手连滚带爬前进，就是在这样艰苦的情况下修成这条路的，平均一公里牺牲一个人。像这样的先进事迹，京剧艺术节能选择这出戏进行展演，评委也是很公正的，这个符合现在的形势，符合"一带一路"的精神。

过去毛泽东主席也评价慕生忠将军——"用科学的方法解决了人类最难解决的问题"，说他是个大智慧者。通过演这个人物，这个戏，也净化了我自己的灵魂。今年是长征八十周年，这些精神是非常值得大力弘扬的，不然历史会忘掉他们这一代人。传统文化得弘扬，像《弟子规》《论语》进课堂这都是值得称赞的事。一些京剧唱段、经典剧目，都应该走进课本，走进课堂。

简介

李军，现为上海京剧院老生演员。第一届青研班学员，曾获梅兰芳京剧大赛金奖，被评为第二届"中国京剧之星"。专工余派、杨派老生。擅演《大探二》《失空斩》《杨家将》《伍子胥》《群华借》等剧目。新创作剧目有《郑板桥》《扈三娘与王英》《宝莲灯》《大唐贵妃》《梅妃》现代京剧《生死界》《廉吏于成龙》等。曾受教于叶蓬、王世续、刘盛通、李世霖、傅德威等名师，后又拜梁庆云、马长礼、李鸣盛、汪正华为师。

李军访谈

马佳访谈

采访撰稿：郑媛文

采访背景

9月28日，我们有幸邀请到黑龙江京剧院优秀青年演员马佳接受我们的采访。本次青研班二十周年中马佳饰演《穆柯寨》《穆天王》《辕门斩子》中的穆桂英，其俊秀的扮相和出众的嗓音获得观众的一致好评。

一、王瑶卿艺术传人刘秀荣先生的入室弟子

问：2009年，您在哈尔滨香格里拉饭店举行拜师仪式，正式拜刘秀荣老师为师，成为她的第三十四位弟子。通过长期的学习交流，您对刘秀荣老师的表演艺术有何理解或感悟？老话说"学艺先学做人"，您从师父身上学到哪些为人处世的道理？

我是2009年5月拜的师父，但是其实在2007年开始就已经开始跟师父学了《断桥》和《彩楼配》，两年之后，经过师父的考查，同意我正式拜

师，成为她的入室弟子。

拜师那年，我正好考上了研究生班，跟师父学习了全本的《白蛇传》，上下本的《王宝钏》《百花赠剑》《游龙戏凤》这些戏，包括这次演出的《穆柯寨》和《穆天王》，在哈尔滨和北京多次演出。我师父在艺术上要求非常严谨，对我们的要求也非常严格，在学习过程中，表演上有达不到要求的地方，师父就一遍遍地说，一遍遍地重来，直到她认为满意为止。

刚跟师父学戏的时候，先学的《断桥》。光是白娘子的"出场"，就花了一上午。老师说："哎哟不对，你还得回去（重出场）。"之后又出场，老师还是说："不可以，还要回去。"但是，尽管这样，我师父是个非常温柔的人，从来不会发脾气，最多就是说："你这不可以，你这不对，还得回去。"那时候我一个上午"出场"都没出去，心里非常自卑，也不知道该怎么学。但过了那段时间，学习完《断桥》后，自己有了一个飞跃性的进步，也明白了老师教学的一些规律，后来越学越顺利。

我的师父是个追求完美的人。艺术上一丁点不到位的都不可以"放水"。她对生活、对艺术都非常严谨，是我们学习的榜样。

师父是个追求完美的人。艺术上对我们要求严格、一丝不苟。生活中，她也是处处认真对待，八十多岁的人，每次出现在大庭广众之中，总是打理得那么光彩照人，这也是我们应该学习的地方。

问：刘秀荣老师是王瑶卿先生的弟子，您对王派艺术有何认识？

　　王瑶卿先生不仅是京剧表演艺术家，更是伟大的戏曲教育家，他把青衣、花旦、刀马旦的唱、念、做、打、舞的特点融汇起来，创出"花衫"这个行当。并且要求演员文武并重、昆乱不挡。可以说：王瑶卿先生的艺术体系，是京剧旦角艺术的必修课。就我个人而言，感触最深的是《王宝钏》这部戏，这也是王瑶卿先生留下来一部骨子老戏。其中表演以程式化为主，但是又有很多生活化刻画人物的地方，起初学的时候，我跟师父说："王宝钏这个人物大家都在演，好像没有什么能特别出彩的地方。"师父听后就跟我讲了戏里很多不同的处理方式，包括有些东西是她在王瑶卿先生的基础上，自己再次进行二度调整过的，比如，《彩楼配》中的上下楼。普通的程式表演上下楼就是象征性地走几步，但是跟老师学完《彩楼配》才发现，原来上下楼的动作还可以这样美，观众也是每逢到这个地方就是满堂好，这是骨子老戏流派艺术的魅力。

二、青研班——一段难忘的学习经历

问：在青研班的学习中，您有何体会？

非常感谢丁关根部长，没有他可能就没有青研班。当时，老师跟我说过："丁部长说了，你们这些孩子都在各个院团，但整体水平又没有达到一定的高度，'就让他们回回炉'整体提升一下。"

我很有幸考上了第五届青研班。和来自全国各地、各流派的同学们共同学习，一起磨合。从导演艺术到表演艺术，从音乐到舞美，让我们在实践的基础上，提高了理论认知，使我们全方位、更立体地理解了京剧艺术的真正魅力。

问：您在青研班的汇报演出时演了《三击掌》，能简单谈一谈吗？

那是全班同学合演的《红鬃烈马》，给我的是"三击掌"一折。这是我的本工戏，每一次演这一折我都有不同的体会，王宝钏复杂的心理过程和优美的唱腔相互交织，每一次唱都会打动自己。在表演上，师父跟我说：

"不要放过每一个细节，越细越好，这样观众才会注意到你，抓住观众的心。"这几句话一直指引着我去探寻戏曲表演中的奥妙。

三、摘得桂冠——"梅花"香自苦寒来

问：2015年，您凭借《白蛇传》摘得梅花奖桂冠，同时，您也是省团里第二个拿梅花奖的优秀演员，能谈一谈您的这出戏和这段经历吗？

是的，我是黑龙江省京剧院第二个拿梅花奖的演员。第一位是邢美珠老师。

当时，获得梅花奖特别激动。其实，我一开始是抱着试试的心态参赛，但即便如此，也要拼一下。对于一个演员来说，"拼"字很重要，有了想法才敢去拼，所以我就拼一把试试。

竞赛剧目是《白蛇传》，在比赛中，我对这出戏又有了新的认识。当时是4月份的浙江绍兴，我心中一直有一个疑问：在这个地方演出京剧，观众能够喜欢吗？他们可能更喜欢的是昆曲和越剧。当时倍感郁闷，认为对我可能不太有利。

没有想到演出完之后观众反响很强烈。京剧的魅力真大！演出时，剧场内座无虚席；演出过程中，叫好声、掌声不绝于耳。在南方演出这么火爆，出乎我的意料。于是，我就感叹："南方的票友、观众竟然也那么喜欢京剧！能在这个地方演出，给观众带来不同感觉的《白蛇传》，我就很满足了！"

可能是因为抱着试一试、拼一拼的心态，演出过程中我特别放松。我只是为了给观众带来一场不同印象的《白蛇传》，不曾想，还吸引了众多

青年观众。《白蛇传》这出戏，比较青春、靓丽，在舞台上呈现出的效果极佳。演出时长及节奏感都控制得非常得当。这也全都归功于老师的耐心指导。有了老师的指导和团里众多人员的支持鼓励，才能有这一次精彩的呈现。

浙江演完后，又在哈尔滨演出一场，同样特别火爆，而且还有很多大学生前来观看。没想到有那么多青年观众喜欢我们，观众和演员的关系特别和谐，如同鱼水，谁也离不开谁。这么看来，《白蛇传》当时还是很成功的。

问：报纸评论这是青春版《白蛇传》，您有何感想？

当时，我们演员平均年龄不到三十岁，在二十五到二十六岁之间。刘秀荣老师说，这么年轻的一支队伍能打造出这样水平的戏，她感到很欣慰。因为观众的审美时长有限，老师强调演出时长不要超过一百四十分钟，长了会疲劳，要在观众感觉刚刚好的时候，结束演

马

佳

访

谈

出，这样可以留给观众无限回味。

老师对这个戏真的是"掰开来、揉碎了"教给我们，她特别用心。老师说："我挺欣慰的，看你们这支年轻的队伍这么有成绩，我没有白费力气。"在团队的共同努力之下，我有幸获得了梅花奖，这也算是回馈老师的礼物吧。

问：作为黑龙江省京剧院的演员，对院团发展有何期望？对自己有何规划？

说到院团，首先感谢领导的指导和老师的栽培——没有他们的支持就没有我的今天。

戏曲是一门集体艺术，必须有"一棵菜"的精神才能完成一场好的演出。我是幸运的，院里为我排演了很多剧目，去参加各种大赛和艺术节，这一切都要感恩于领导的支持和同事们的帮助。前段时间，我们省文化厅张丽娜厅长提议，建军节为我复排并演出现代京剧样板戏《杜鹃山》，因为这是一出观众耳熟能详的剧目，能唤起几代人的记忆，所以连演三场都是观众爆满，一举获得成功。

我觉得自己是站在老师和领导这两座大山的肩膀上往前走的。对于今后的工作，我仍然会一丝不苟、认认真真排戏、踏踏实实做人。师父说过，只有脚踏实地走出来的路，才扎实！虽然不是每出戏都堪称完美，但是我认真学、努力演，做到问心无愧、对得起老师的期待、对得起观众的称赞就够了。希望能有更多的观众能够因为我而喜欢上京剧，也希望我们院里多立精品剧目，祝愿我们乃至整个京剧事业繁荣、昌盛！

简介

马佳，黑龙江省京剧院优秀京剧演员，工青衣、花衫，师从著名京剧表演艺术家刘秀荣。2015年凭借经典剧目《白蛇传》获得第二十七届梅花奖，同时，是黑龙江京剧院第二位获得该奖项的演员。

马佳访谈

倪茂才访谈

采访撰稿：郑媛文

采访背景

9月27日晚，我们有幸邀请吉林省京剧院院长倪茂才接受我们的采访。本次青研班二十周年庆典演出中，著名京剧高派演员倪茂才饰演《辕门斩子》中的杨延昭。现将采访整理成稿以飨读者，见下文。

一、高派续薪——举办培训班，传承高派艺术

问：今年8月在长春举行了国家艺术基金资助的高派艺术人才培训班，您能简单介绍一下情况吗？

首先，很感谢艺术基金评委老师们给我们这次举办高派艺术培训班的机会。同时，我更感到高兴的是这个培训班。

全国共遴选出来十一位学生（十位公费和一位自费）来传承高派艺术。高派对于嗓音条件要求很高，但这十一个人参与学习之后，让我感觉

到，不是没有好学生，只是没有教高派的老师。高派的最基本的特点就是高亢激越、嗓音洪亮、一气呵成。除此之外，高派的声音是立着的，李和曾先生说的"脑后摘音"。学生在学习高派的过程中，我送给他们四个字"死学活用"。

举个例子，有一位来自上海的学生，学习言派，他总是"躲着"唱。高派需要科学的发声方法，把三窦（蝶窦、额窦、鼻窦）用上之后才好听。我专门为这位学生找了一位很著名的声乐老师。经过训练后，他能够唱高调门了。原来他没唱过G调，可是，我给他说："在我这课堂你必须达到这个调门！"他们现在都能达到这个调门而且不费劲。所以，我认为并不是没有好苗子，而是需要科学的方法来教高派。

我认为现在戏曲演员在"小学"的时候，用余派和杨派打基础，到了"大学"，学生应该根据自身条件来选择合适的流派。在高校的戏曲学习中，各个流派都应该有，这样因材施教，就可以流派纷呈了。这就是我教高派时的感受。这些孩子都很好，都很用功，他们之前调门高的没唱过，唱了一个星期之后，他们都能唱上去而且不太费劲。如果能早点用这种科学的方法教学，应该能培养出更多的高派的弟子。

现在的戏曲制作，分工越来越精细。演员、作曲、唱腔设计、导演，等等。但是有些表现方式的安排上并不符合演员的自身特色。这时候，演员更应该有所坚持。只有保持自己的特色，才能逐渐地脱颖而出，形成自己的个性，进而成为派别。

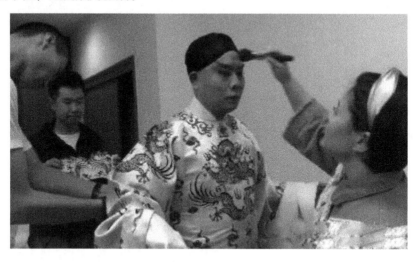

问：以后每年都会有这么一个培训吗？

我现在也想连续做下去。他们这一期，只学习了一个月。一个月连高派的皮毛都学不了，只是简单了解了高派，知道了有这么一个流派。要想持续下去，一需要资金，二需要各个院团的扶持。所以，我下一步打算明年如果可以继续申请国家艺术基金，那么流派班中的较为优秀的学生可以举办全国的巡演。巡演中，学生可以得到扎实的训练，这样就可以走得更远。

问：今年8月27号，您在长春收了位徒弟——宋鹏，能简单谈一谈您的这位徒弟吗？

他算是业余爱好者，但是对高派艺术非常热爱。我对于年轻人学习高派艺术非常支持，包括这次流派班中的十一位学生，虽然没有举行拜师仪式，但是他们愿意学，我愿意倾囊相授。我也相信，这些学习高派的学生中，一定会有人扛起高派的大旗。

二、青研班——一段难以忘怀的学习经历

问：这次青研班二十周年庆典演出，您参演传统剧目《辕门斩子》，能否谈谈您对这出戏的理解？

《辕门斩子》这出戏，我有好几个想法：真斩——不对；不斩——也不对。杨延昭此时是真生气，自己作为统帅被穆桂英这么羞辱，颜面何在。余太君劝阻没有效果，八贤王劝阻的时候，他心中已经有所动摇。穆桂英来救杨宗保的时候，杨延昭早已想好了万全之策，戏最后是大团圆结局。研究如何使戏曲人物在剧情的发展中形象变得丰满，是很重要的一个课题。不要为了技术而技术，这些技术都是为塑造人物而服务的。这就要求演员对于人物有深入的理解，要求较高的文化素养。

问：青研班这段学习经历中您有什么体验和感受？

青研班的最大收获——方向比努力更重要。

咱们这一行，没有方向的时候，天天像个无头苍蝇一样只知道练功。中专毕业的时候，恨不得马上离开学校，感觉终于"解放"了。二十多岁的青春期少年，不懂得好好学习。等到静下来之后，又觉得缺点什么。尤其是我这一代，在学校的时候，戏曲非常的火热，毕了业之后，戏曲又不受重视了，这种落差，让人感到太茫然了。可以这么说，在那个时候，我们这一大批都转行了。只有个别的佼佼者还在坚持，太可惜了。

同学当中，有人特别茫然的时候，选择了改行，也有人被竞争自然淘

汰的。当我拜师的时候，我也犹豫过。我的师父李和曾先生告诉我，如果都是余派、杨派，你永远都在他们后面。人家在各方面都"成"了，你还没"成"呢。你有学习高派的条件，虽然是费工夫，但是他们没有你这样的条件。

这样一来，我似乎找到了努力的方向。可是仔细想想，方向又在哪呢。老师在教了几出戏之后就去世了，只剩下录音和录像。就在这个时候，我进了研究生班。我带着几个问题在研究生班学习：高派究竟是怎么唱的？高派的魂是什么？高派不只是嗓音高，也不只是楼上楼、疙瘩腔。通过《孙安动本》的改编，我就开始探寻我心中问题的答案。

三、《孙安动本》——一个转折点

问：请您谈谈《孙安动本》这出戏。

《孙安动本》是出柳子戏剧目，我师父李和曾先生用了十八天把《孙安动本》改编成了京剧。当时是1958年，本来准备细加工，但之后不久就"文革"了。

《孙安动本》本身是两部戏的组合，李和曾先生将其改编合为一部戏，但故事剧情上有些衔接不当。我们改编这部戏的时候，进行了七次的研讨，几位老师通力合作在剧本、唱腔、导演等方面进行修改，边改边演、边演边改，持续了十几年。

排这出戏的时候，我学会了在唱腔上如何运用快波浪、哪部分用直腔，哪部分用慢波浪，等等。通过这几种唱法的糅合，表现了人物在特定情境下的心境，既有声腔的高昂又有人物心中的悲愤。

这出戏，改变了我的命运，也改变了吉林省京剧院的命运。这出戏获得了很多奖，如梅花奖、白玉兰榜首奖、国家精品工程奖，等等。有时候一出戏能救一个人，也能救一个团。

四、默默奉献——作为地方院团管理者

问：作为一个地方院团的管理者，您对于政策的扶持和地方院团的发展有何看法？

我作为地方院团的管理者，虽然有很多别的院团想"挖"我过去，但是，就从我们吉林省京剧院的角度来考虑，如果我调走了，根据政策，我们的院团可能会从事业单位变成企业单位。所以，为了这个院团的"身份"，我没有调到别的国家级院团，我无怨无悔。

可以打一个比方：如果国家院团或京剧事业是棵大树，那么我们这些地方院团就是这棵大树的根系。只有地面上的大树，没有地底下的树根，京剧事业的发展不会如此繁荣。我宁愿做地下的根须，默默地为京剧事业这棵大树提供营养，使其更加繁荣、昌盛。

简介

    倪茂才，京剧高派老生，国家一级演员，戏曲梅花奖获得者，中国戏曲青研班第四届学员，现任吉林省戏曲剧院院长兼京剧团团长。师从李和曾、张荣培等京剧名家。演出代表剧目：《辕门斩子》《孙安动本》及现代京剧《杨靖宇》等。

王艳访谈

采访撰稿：张昆昆 白 强

采访背景

青研班的演出结束后，王艳老师就回到天津。后来利用王艳老师在央视录国庆节目的间隙，我们在朝阳宾馆采访了她。她与我们分享了自己的艺术成长经历和对青研班的感恩之情。

问：您在梅派的基础上融名家之长，形成自己的风格。对于流派继承发展有什么自己的理解？

我很幸运，遇到了这么多前辈和名家，他们都把这些宝贵的财富传授给我，学到今天，演到今天，确实对每个不同的流派有了自己的认识。作为一个优秀演员，必须得有自己的

认识和体现，才能让大家记住你塑造的人物。

我从小就学梅派，基础打得非常扎实、牢固。当时在天津，我的奶师孟宪荣老师一直给我传授梅派的戏。后来又跟杨荣环先生学戏，杨先生是全国的京剧名家，也培养了很多的青年演员。我十三岁的时候，学校就把我们推荐给杨先生去学戏，机会十分难得，这可以说是小学生跨级学大学的课了。跟杨先生学了一些他的代表作，比如《乾坤福寿镜》《霸王别姬》《宇宙锋》。当时杨先生六十多岁了，身体状况不是很好。学了三年，杨先生就病故了。我觉得损失很大，但是这三年，打的基础非常牢固，因为杨先生是尚小云先生的得意门生，后来他又拜了梅兰芳先生，所以他是一个敢于追求、敢于革新的艺术家。我从小就受到这些老师潜移默化的影响，比如说我的师父秀荣老师，她也是一直在追步时代的审美需求，随时调整自己的演出。咱们戏曲学院所有的旦角，都是以王派为根，这是大的根基，所以我在师承上有这样不同的经历，大家都说我是幸运的，我的幸运就是因为我遇上了这些老师，而且这些老师都能倾囊相教。我特别感激老师们把这些宝贵的艺术传授给我，所以到今天无论我唱哪个流派的戏都非常扎实，而且通过舞台实践，有了自己的一个认识，这种认识也在不停地更新、调整，要慢慢积累、成长。我始终记住老师那句话："可以多学，但绝不胡来。"这是我的认识。

京剧艺术博大精深，我们现在仍然需要很好地继承。比如说演杨老师的戏就按杨老师的特色，杨老师对尚派和梅派有自己的理解，她把两派很好地结合在一起，所以才有了她的《失子惊疯》。《失子惊疯》的实践历程得到了历代的专家、戏迷观众的认可，而且这些年大赛，我作为评委也看到了，选手用杨老师这出戏参赛的人很多，大家对这种好的美的艺术是认可的，是有所追求的。所以我看到这些很欣慰，无论站在台上的是学生也好，小师妹也好，我看完以后就特别的高兴。现在我也在带学生，我带学生要求很严格，要不就别学，有这个诚心要跟我学的话，我一定要把老师传授的东西往下传，不能停留在我这，因为我珍惜这个东西，我想让更多的观众看到它，或者是培养更多的新观众去认识它。所以我们京剧是一个往下传的东西。

我能跟众多老艺术家学习，他们的艺术观和艺术的创作理念对我的影响很大。在我们现在的时代，站在京剧舞台上，无论是演传统戏也好，新戏也好，创作这些不同角色的时候，我觉得最起码要有思想，要把你的

思想传递给观众。现在观众范围里有更多的青年观众，新鲜的血液在不断地融入，这是好事。京剧需要传承，一代一代的需要青年新秀来继承。观众也是一样的，不能说只给白发苍苍的老先生去看，观众也需要继承和发展。我最大的欣慰就是看见像你们这样的年龄的年轻戏迷也好，或者是第一次走进剧场的年轻人也好，我看到你们来到剧场，就觉得是一件特别高兴的事情。

问：谈谈您在青研班学习的收获？

在研究生班的学习，令我感到特别受益。每一个人都非常珍惜研究生班这三年的学习机会，我在这三年研究生班不光是跟前辈专家们学习，还有我的师父刘秀荣老师、杨秋玲老师、姜凤山先生、梅葆玖先生，还有李维康老师，学了很多戏，在舞台上都有一个很好的实践和呈现。通过跟维康老师学习《谢瑶环》，我获得了第二十五届的梅花奖；跟秋玲老师学习《穆桂英挂帅》，还有我师父秀荣老师的《穆柯寨》；跟梅老师学的《洛神》；跟姜先生学的就更多了，基本上梅派的主要的戏都是跟姜先

生学的。研究生班给了我这些机会，让我去学习，奠定了基础，每一次学完以后，汇报演出也比较密集。我记得我的毕业演出是《穆桂英挂帅》，这个戏一方面是传统戏，要继承传统，另外还要有自己的一些思考，加入自己的表演特点去表现这个人物。在这个戏的表演过程中，包括场次过程中都要有自己的想法和认识。这种想法和做法在别的地方是做不到的，只有在学院，在研究生班可以。因为传统戏的样

本模式已经基本固定了，想要实现突破的话很难。但它也要与时俱进，它的舞台节奏，包括观众也好，戏迷也好，不同时代有不同的审美，所以我们要督促演员不断前进，要不断地更新自己，更新不是说要颠覆老的，我觉得没有必要，我们从事的就是传统艺术，我们首先就要做到把传统艺术扎扎实实地传好。虽然说在一些场次上，比如过场戏，有的观众嫌拖沓，过场戏碎、反复，在这方面我们可以做一些小的调整，但并不伤筋动骨，并不影响它的整体。所以研究生班在毕业汇报剧目的时候，我就选择了《穆桂英挂帅》，当时也是和张关正老师、杨秋玲老师一起把这个戏重新做了微调，我们院现在演这个戏还是像我这样演，有时候觉得观众懈怠，我们就想一想，为什么他会懈怠，我们就要把场次删减一下，或者把人物的情绪调整一下，这样细微精致的打造非常有必要。我的这几出戏基本上

可以说都经过整理，但不是改编，包括我跟我师父学的全本《王宝钏》也是。这个戏这么大，没有二黄，全是西皮，在反复地唱导板、二六、原板、流水，但是你不能让观众看厌了、看腻了，这就需要演员的不同艺术手段，行话就叫自己得捏准，观众就爱看，舞台节奏就会上去，观众坐在那就始终不想离席，甚至想去个厕所都舍不得走，我们要做到这一点，就要动脑筋。

我在研究生班的学习，不仅是单纯的舞台实践，同时还要继承老师传给我们的宝贵艺术，还有一个就是我们的理论学习，这些都给了我很大的启迪，可能还有别的地方做不到的，因此我特别地感激研究生班给我这个机会，特别珍惜我在研究生所学的这些东西。这三年，我觉得研究生班没上够，如果有留级一说，我都愿意留级。在研究生班的学习，我还排了一个新戏《妈祖》，这是我的艺术成长道路中第一次接触新戏，也是我们团这些新人第一次接触新戏。所以对导演的要求不知道，没什么概念，因为咱们这一行都是口传心授，教授是最主要的，老师怎么教就怎么来。但

是，排新戏的时候就不一样了，谢平安导演已经非常接近传统戏方法了，因为他本身是川剧小花脸演员，他的行当囊括的艺术技能非常多，而且谢导是一个有丰富经验的导演，无论是舞台表现也好，传授也好，说也好，排戏也好，能力非常强，当时跟导演也是有很好的沟通，但是也不能像老师教戏那样，他毕竟是给你说

要求，具体的小的细节还是要自己去动脑子去编的。在这个时候，我就觉得在研究生班学的东西就起到了作用，可以指导我们去自己创作。《妈祖》在2004年参加了艺术节，获得了非常好的成绩。

所以在研究生班不光是继承了传统的老戏，也接触到了一些新戏的训练和实践。这些都是我在青研班的收获，而在其他的场合当中，这样的机会很少。比如京津沪这样的剧团还会对演员重点培养，像一般小的剧团，就没有这个力度去培养，很难去学，因为找老师学是太重要的事，但是研究生班就有这个便利的条件，就能给你请名家，可以广泛地去学，所以这个平台非常的广博和宽大，我觉得我个人非常受益。

问：您对以后的青研班的学生有什么建议和希望？

我希望大家都能认识到三年珍贵的时光，要很好地利用这个机遇。而且现在国家对传统艺术也非常地重视，所以说一定要把握好这个时机，多向老先生讨教，因为咱们这一行在一代一代不停地往下传承，我们要抓准这个时机和机遇，多向老先生求教，尤其是这几年，我们长一岁，老先生就老一岁，他们的精力、体力都是非常有限的，我们更要抓紧时间去学习。

我前几天参加我们团里一个青年演员拜宋丹菊老师的仪式，记得我刚认识宋老师的时候，她非常年轻漂亮。而前两天去参加宋老师的收徒仪式，尽管她都成了老太太了，但还是那么精神。我就叮嘱团里的演员，抓紧时间跟宋老师学，因为是武戏，刀马旦，老师要做示范，老师年纪再大一点，就没有办法做示范了。因此我们要多做努力，好好珍惜。老师传授给你，你继承好了，你明白了，你认识到了，真正搁在你口袋里了，就成为你自己的东西。我希望这些下面的师弟师妹珍惜这个机会，这个机会不是对每个人来说都有的，我是说你的艺术走到这一步了，铺垫到这一步了，你有这个机遇去上研究生班。一定要珍惜这个机会。

简介

王艳，著名青衣、花衫演员。毕业于天津艺术学校。天津京剧院国家一级演员，现任天津京剧院实验团团长，天津市政协委员，天津戏剧家协会理事，天津市第十一届青联委员。享受国务院政府特殊津贴。

1995年毕业于天津艺术学校。毕业后留校进修三年，1999年分配到天津京剧院实验团，工青衣、花衫，现为青年团主要演员，现为国家一级演员。王艳曾随孟宪瑢、袁文君、田玉珠、张芝兰、孙荣惠等老师学演了《玉堂春》《四郎探母》《宇宙锋》《红线盗盒》《穆桂英挂帅》《战金山》等剧，后又向已故著名京剧表演艺术家杨荣环先生学习并演出了《乾坤福寿镜》《霸王别姬》等剧目。1997年正式拜京剧表演艺术家刘秀荣女士为师，又先后学习排演了《白蛇传》《穆桂英大战洪州》《百花公主》等。三届中国京剧优秀青年演员研究生班学员。并于2010到2012年期间入首届中国京剧流派艺术研习班深造。在此期间，向梅葆玖先生、姜凤山先生、王志怡老师学习了《贵妃醉酒》《三娘教子》等剧目，获得梅派艺术的嫡传。又向杨秋玲老师学习《杨门女将》《穆桂英挂帅》，承接了京剧艺术的经典。特别又向李维康老师学习了《谢瑶环》。王艳扮相端庄、秀丽，嗓音清亮、圆润，表演细腻传神，文武兼长。

擅演剧目：《杨门女将》《白蛇传》《谢瑶环》《乾坤福寿镜》《王宝钏》《贵妃醉酒》《穆桂英挂帅》《穆桂英大战洪州》《霸王别姬》《四郎探母》《昭君出塞》《银屏公主》《大探二》《百花公主》《凤还巢》《宇宙锋》《游龙戏凤》《洛神》等。多次出访欧洲各国、美国、日本及中国香港、台湾等地。2008年，应美国加州中国表演艺术学院邀请，参加"2008年中国文化及表演艺术节"。2010年10月随温家宝总理同中国爱乐团合作赴意大利参加"意大利中国文化艺术年"开幕式。

2000年在由文化部主办的"全国京剧优秀青年演员评比展演"中，以《断桥》一折荣获一等奖。2001年全国青年京剧演员电视大赛中荣获"优秀表演奖"。2001年被授予第六届天津市"文艺新星"称号。2001年获首届天津青年文化新人提名奖。当选天津市第十一届共青团代表大会代表。2004年在第四届中国京剧节以大型新编京剧《妈祖》一剧，荣获优秀表演奖。2005年中央电视台全国青年京剧演员电视大奖赛金奖第一名，同时被评为"观众最喜爱的选手"。同年获评天津市三八红旗手。2011年以《谢瑶环》一剧荣获第二十五届中国戏剧戏曲梅花奖（榜首）。2013年第十届中国艺术节获"文华表演奖"。

王越访谈

采访撰稿：刘芯男

采访背景

2016年10月4日，我们在望京酒厂艺术区见到了京剧裘派花脸演员王越。王越老师在接受我们采访之前，正在录制京韵歌曲。现代化的录音棚录制的戏曲，别有一番韵味。王越老师告知我们他已经调离山西省京剧院，现在入职到了中国国家京剧院，期待王越老师在国家京剧院的精彩演出。

问：京剧这么多行当，您怎么选择花脸这个行当的呢？

我家里人都爱戏，爷爷奶奶家、姥姥姥爷家天天放的都是戏曲，久而久之我也能跟着大人哼几句。我父亲和我爷爷都是花脸的票友，还能登台演唱。家庭氛围的熏陶下，我选择报考艺校，选择京剧花脸行当，做一名职业演员。

问：大部分学戏的男孩都要经历一段倒仓时期，您是如何度过倒仓这段艰难的岁月？

倒仓太苦了，十五六岁倒仓，嗓子直到艺校毕业的时候才好。我4岁就开始学唱戏，而我的同学在进艺校之前大多都没有接触过戏曲，刚开学的时候，有什么比赛，还有跟艺术家同台合作的机会，学校都会让我去参加。过了几年开始进入倒仓期。处在倒仓期间，学校的活动基本跟我就没什么关系了，看着没倒仓的同学和练武戏的同学个个都忙着上戏，没戏可上的我心里是很失落的。

京剧《石秀探庄》里头有一句唱词，"进庄门，道路崎岖"，我有个老师，他跟我开玩笑，把庄门，唱成仓门。就成了"进仓门，道路崎岖"。老师是无心调侃，但对于一个十五六岁学戏的孩子来说，心里是很难受的。我正走着这崎岖的路，也看不见尽头。但是光难受，也于事无补。我内心还想唱戏，现在没声音，那就练身上，专注练自己的身段和武戏的功夫，天天上武戏。这也为了我以后的发展打下了坚实的基本功，我

很高兴自己在最艰难的时候没有放弃戏曲，一直在坚持。过了几年学《李逵探母》的时候，嗓子就慢慢地变好了。

问：您是因为什么契机来到中国戏曲学院青研班学习的？

青研班培训很系统，到我那个时候是第五届。我那时候在山西省京剧团，到北京参加了全国青年京剧演员大赛，参加完大赛，拿了奖项就被推荐去上中国戏曲学院青研班。我记得是丁部长和一些专家看了比赛，他们在比赛中挑选一些人上青研班。我很幸运，被选上了。

问：您是青研班的第五届学员，还记得您的老师和同学吗？跟我们分享下您在国戏青研班一些难忘的学习经历吧。

咱们青研班中，北京的同学大多都不住校，住家里。而我们外省来京的同学都住校，大家天天一起学一起吃一起住，彼此间相互照应，共勉学习，因此结下了深厚的情谊。在青研班的学习，学的知识是跟我们之前在戏校学的大不一样，青研班的学习补充了我们文化上的知识。在戏校的学习主要是唱腔和动作两方面，是非常基础的学习。青研班给我们制订了系统的戏曲理论学习方案，内外兼修。理论知识武装我们的思想，名师的指导提高我们的技艺。这样一来我们的思想和艺术上都有了一个明显的拔高，

对戏的理解，对人物的塑造，都有了自己的认识和感悟。

我的导师是李欣老师，然后跟张关正老师也学过。我印象最深的是跟李欣老师学戏的那段日子。李欣老师家住在天通苑，离咱们学校很远。先乘公交，再倒几趟地铁，到天通苑还得坐个小蹦蹦车，单程路上时间就得花两个小时。路程非常辛苦，所以我非常珍惜在李老师家学戏的时间，风雨无阻地奔波。李老师对我也特别好，师娘每天做饭，我也跟着一块吃。第二天如果没有课，李老师会留我住在家里。我们爷儿俩在家里，一个用心教，一个努力学，李欣老师的倾囊相授使我的技艺提升很快。在李老师家学戏的日子对我而言是很难忘的，李老师待我如亲子一般，我也非常感恩李欣老师。

问：《铡美案》《锁五龙》《赤桑镇》等经典剧目是您擅演的剧目，不同时期演出这些剧目，您会有哪些不同的感受呢？

这些戏都是从小学的，是打基础的剧目，上青研班之后，我拜了李长春老师为师，跟李老师又重新学习了一遍这些经典的剧目。每个剧目中人物的动作、唱，李长春老师都会耐心地跟我仔细讲解。就这样一个剧目在不同时期要学好几遍，而每个阶段有每个阶段不同的体会，不同的看法。我前段日子去台湾演出，演的就是《铡美案》。我自己在微信上也感慨过，同一个剧目，每一次演出都有不同的感受，这种感受非常奇妙，而这种奇妙是一般人感受不到的。只有演员，戏剧演员才能感受得到。在舞台上，每一次演出微妙的变化，这种感受是难以言喻的。有的时候，我自己的状态、心境、舞台环境万事顺遂。演完结束，整个人都会很舒坦，令人愉悦。

问：2013年您主演的新编京剧历史剧《紫袍记》大获好评，之后又排了新编戏《陈廷敬》，在塑造人物上您有哪些心得？

京剧"四功五法"，我认为唱是第一位。我宗裘派，但是你塑造人物时一定要把流派放到一边，不能以流派来演人物，这样会把自己框死。不同戏可以用不同的唱腔来演艺，不要一味地去模仿流派。

问：对待狄仁杰、陈廷敬，这两个不同时期、身份、性格迥异的历史人物，您是如何去塑造两个人物的？

首先从扮相上来说，《紫袍记》中的狄仁杰，在人物脸谱上，我选择了勾脸，很多人觉得我勾脸跟舞台好像有点不统一，因为我的坚持，勾脸就保留下来了。我心中的狄仁杰，有直臣之气，敢于直面武则天冒杀头之罪说出还政李唐的谏言。狄仁杰的扮相把脸勾上，立马就多出一分气魄。在舞台灯光的照射下，效果很不错。《陈廷敬》中的陈廷敬这个人物，他的气质比较儒生气，是一个足智多谋的儒臣。《紫袍记》是唐代的戏，离我们很远，利用戏曲程式化的东西稍微多点。《紫袍记》的狄仁杰扮相有斗篷、水袖、髯口、厚底靴，这样的传统的扮相可以做些戏曲程式化的动作。而《陈廷敬》是清装扮相，没有水袖。舞台动作都是很生活化的，一举手一投足，没有那么重的戏曲的味。就念白而言，《陈廷敬》的念白是

京白，《紫袍记》的是韵白。

问："青春版"戏曲现下十分流行，您是如何看待戏曲"青春版"的？

要培养年轻人，多让年轻人上戏。青春版，代表戏曲的朝气，初升的太阳总是更耀眼些。青年一代，是我们戏曲界的朝阳，排"青春版"戏曲，不仅能够适应市场，吸引一批年轻的观众，同时也锻炼了青年演员，年轻人的活力还能够让戏曲焕发新的生命。

问：这次青研班《伍子胥》是几个不同剧团的演员一起合作，和别的剧团搭戏能对您的技艺有什么提升呢？

跟不同剧团演员一起搭戏，对我来说是很平常的一件事。我经常跟北京剧院、国家京剧院、上海京剧院一起合作，合作是一个非常好的锻炼机会，可以学到很多东西。搭班，过去有种说法："搭班如投胎。"你去搭班唱戏，所有的东西都得重头来。你不仅仅要唱好自己的戏，包括扮戏的穿戴、胡琴、鼓，自己都得清楚地掌握。排练的时候，同琴师和鼓师的配合，因为每个人唱戏对乐队的要求都不同，所以学习锣鼓和胡琴的知识有助于你和别的剧团乐师的配合。你要什么音，跟琴师如何谈，这些都要弄明白，这就是为什么搭戏其实是考量一个演员的综合素质，在一定程度上要求演员的全面发展。

问：您对青研班之后的师弟师妹有什么寄语，对青研班的发展有什么建议？

要珍惜时光，抓住难得的学习机会。千万别荒废青春，玩归玩，不要忘记自己的主业。认准了目标，就不要放弃。青研班有很好的师资力量，集中了很多珍贵的资源。我希望青研班能够一直办下去，希望各界人士多多支持青研班，让青研班能够一直办下去，培养更多优秀的青年演员。

简介

  王越，中国国家京剧院演员，国家一级演员，裘派花脸，毕业于第五届中国戏曲学院优秀青年演员研究生班。师从：窦国启、何坦、郭铁牛、耿文超、李长春、李欣等。代表剧目：《锁五龙》《赤桑镇》《铡美案》《将相和》《遇后·龙袍》《姚期》《大·探·二》《李逵探母》《紫袍记》《陈廷敬》等。

杨少彭访谈

采访撰稿：刘芯男　卢飞燕

采访背景

　　10月5日是青研班二十周年会演剧目《伍子胥》的响排日，在排练之前的一个小时，我们赶到排练厅采访青研班学员、京剧老生杨少彭。正值国庆长假，杨少彭也没有休息，天天在剧场排练。一身休闲打扮，脸上挂着轻松笑容的杨少彭，就在北京京剧院三楼的排练厅里接受了我们的采访。

　　问：今年是青研班二十周年，能不能回忆一下您在青研班时期的学习和生活？

　　之前我们就听说过青研班是全国中青年演员的艺术殿堂，我们都十分向往这个平台。青研班三年的时间短暂而又充实，期间我有幸跟谭元寿老师学戏。这在剧团的时候，是很难做到的，没有认识老师的渠道，直接去找谭老师学戏，又显得唐突。我们通过青研班这个桥梁，以学生的身份

得到老艺术家的亲身指导，实在是倍感荣幸。

记得我们班上有"三老四少"。"三老"里有杜镇杰、裴咏杰、艾金梅三位老师。"四少"指的是徐孟轲、王艳、王佩瑜、翟墨。刚开始我以为自己算是班里年龄小的学生，等排出"四少"之后，才知道我不算。我很高兴考上青研班，让我接触到到除了京剧以外其他地方戏剧种的演员，我们通过青研班认识，后来成为了好朋友。当时班里的学习气氛特别好，全国各地各个院团的优秀演员聚到一起，一起分享自己在院团的故事和在北京生活的体会。我们原本就是在剧团里工作了多年的演员，学生时代早已离我们远去，青研班让我们又回到了校园生活。一些年长的学员，也觉得自己变年轻了。

青研班不仅提供我们跟名家学戏的机会，还通过央视《空中剧院》的节目让我们进行舞台实践。一来向全国的戏迷朋友汇报学习成果，二来我们借助这个平台在表演上也得到了提升。能够有这么好的学习机会提升自己，又有这么好的平台宣传推广京剧艺术，这是青研班给我们演员个人带来的最大的益处。

问：此次青研班二十周年纪念演出，您在多个剧目中都有表演，在《野猪林》中您饰演的林冲是武生，在《伍子胥》是老生，请谈谈自己学习的经历？

小学五年级前，我一直学的是武生行当。《挑滑车》《野猪林》《一箭仇》《长坂坡》这些武生戏我都学过。因为小时候好动，不喜欢文戏。文戏要老老实实坐着学唱，那时候一上老生课，我就犯困。我自己跟学校说我不爱学老生，于是就改学武生。我父亲杨乃彭先生是杨派老生。到了五年级我才开始正式学习老生，经校方同意，由我父亲亲自教戏。当时我

一边学武戏一边学文戏，其实还是以武生为主。我上大学入学考试、进北京京剧院都是以武生的行当通过考试的。我记得考北京剧院的剧目就是《八大锤》《秦琼观阵》这种文武老生戏。随着年龄的增长，意识的变化，我觉得自己应该归属老生。2001年全国青年演员电视大奖赛，我以杨派老生剧目《文昭关》参赛。从这次起，我的演出就以老生戏为主了。武生学的那些东西，我并没有舍弃，还常演《沙家浜》《智取威虎山》《野猪林》这些武生戏。想到自己小时候练功受的苦，到现在看来都是值得的。目前演出剧目无论老生还是武生，在自己能力范围内，我都尽量兼顾。

问：《伍子胥》是杨派的代表剧目，杨派对于表现伍子胥这个人物有什么独到之处吗？

《伍子胥》可以说是杨派的看家戏，也是杨派的代表剧目之一。《文昭关》最早是汪派的代表剧目，刚开始杨先生也不唱《伍子胥》。听我父亲说，杨宝森先生想排一个叫好又叫座的戏。杨宝森和我父亲的老师杨宝忠先生两人商量，找一个不常演的，又适合杨派戏路的。后来就确定了重排《伍子胥》，他二人将唱腔、词句从头至尾整理加工以后，将它重新搬上舞台。演出之后，一下就火了，上座也不错。从此以后，《伍子胥》这出戏就成了杨派的看家戏。《伍子胥》其他流派也唱过，最后成为杨派代表剧目是因为它在唱腔上非常符合杨宝森先生的特点。杨先生的唱腔把伍子胥全家被害的凄惨身世的悲愤表达得淋漓尽致。杨派戏大多以悲情剧为主，这是杨派的特点。《杨家将》《洪洋洞》《失空斩》这些戏的唱腔都是低沉委婉，韵味醇厚，表现出忠良之臣不平的际遇、受到奸人迫害的悲惨遭遇等。杨宝森先生将自己的艺术特点，与这些剧目紧密结合，相互渗透。久而久之，这些戏就成了杨派的代表剧目。

问：您是杨派老生，对于杨派有哪些感悟和体会？

我的父亲杨乃彭先生是杨宝忠先生的学生，杨宝忠先生是余叔岩先生的大弟子。我父亲那个时候在天津戏校接触到的不完全是杨派，他是兼学杨派和余派的。我父亲经过自己多年的学习和舞台上的摸索，根据他自己的声音条件，对唱腔和人物理解上有了自己独特的见解。我与父亲，从声线上、扮相上虽然大致相同，但是每个人都有自己独有的特

点和对人物塑造的理解。人们称我父亲为高调门杨派，这就是父亲对杨派的继承和发展。杨先生为什么会受这么多戏迷朋友的追捧，是因为杨先生的艺术与时代贴近，杨先生通过学余叔岩先生，结合自己的风格，然后创出的杨派。我觉得所有的艺术演员能有自己的风格，并把这作为自己的艺术追求，根据自己的特点，继承传统的同时来发展自己的个人风格。

问：北京京剧院近年来推出的几台小剧场京剧极受观众欢迎，小剧场京剧似乎为京剧开辟了新的希望，您也演过小剧场京剧，您是如何看待小剧场京剧？

小剧场京剧是京剧的一种探索，其实不管小剧场还是大剧场，在观众面前的还是京剧。不同的是演员跟观众的距离拉近了，艺术形式创新了，文武场都在台上，演员跟乐队有直接的交流，这些在传统京剧里都没有的。我们通过小剧场京剧这种演出方式，还是获得了不少观众的认可。我个人认为，小剧场有它自身的优点，同时也有它的局限性。剧场大小受到限制，可容纳的观众少，这就给演员表演加大了难度。大剧场演员离观众很远，演员在背对舞台的时候，可以有一点喘息休整的时间。小剧场就不同了，演员离观众很近，舞台上就两人，观众的目光和注意力就盯在两个演员身上，演员必须全神贯注，全力以赴去演这场戏，因为没有时间空间给你调整。跟观众距离近，演员在做戏的时候，你有做得不好的地方，观众
一眼就能看出来，小剧场的表演是很考验演员的。

问：新版的《伍子胥》在缩减后也有两个多小时，如此繁重的唱功戏对演员来说是个不小的挑战，您是如何应对这个挑战的？

我演的这版《伍子胥》是天津孙老师和父亲一起改的，他们考虑怎么样把《伍子胥》比较完整地能在一晚上演完。因为《伍子胥》有好几个版

本，一个是从《战樊城》起到《文昭关》就结束了。另一个是从《文昭关》起，到《鱼藏剑》《刺王僚》结束。我父亲和孙老师删并成包括《战樊城》《文昭关》《浣纱记》《刺王僚》《破武将》这几出，演出时长两小时四十分钟版本的《伍子胥》。我父亲会拉琴，演出前的一个月，我跟我父亲每天将新编的《伍子胥》从头至尾吊一遍嗓子，以此来锻炼我的唱功。这出

戏伍子胥的戏份很重，很考量演员的功力。未删减的版本，有很多的过场戏，可以让演伍子胥的演员缓歇一下。我排的这版《伍子胥》，伍子胥的戏份都是连在一起的，根本没有什么缓歇场次，从头唱到尾，最后还有武戏，这对演员的唱功和体力有很高的要求。还好演出前一个月，我父亲每天和我在家排练，使得我能够习惯两个多小时的连轴转，最后演出也圆满结束。青研班的张关正老师也肯定了我这次的演出，认为我演出的版本能够作为教学示范的版本。

问：您是怎样看待京剧的继承和发展关系的？

京剧艺术的继承和发展，我认为先得继承，才能发展。我的想法是，认真学习传统的优秀剧目，尽自己最大努力去继承先辈的精华。我觉得现在的演员在继承方面还是有一定的缺失的。创新的基础就是继承，没有好的基础就无法谈发展。过去一批老艺术家，他们学得一身艺，那个时候谈创新艺术，老艺术家们都可以自己编唱腔，自己设计动作、舞台调度。自己就可以和琴师沟通，每一段的该唱什么，什么板式，这些都需要大量剧目的积累。俗话说，熟读唐诗三百首，不会作来也会吟。过去的老先生们会的戏起码都有一两百出，甚至有的老先生会三百多出戏。现在这样的演员已经很少了，现在熟练掌握三四十出戏的演员就已经很厉害了。所以，我认为我们在继承上，还是缺失的。

很多优秀的传统剧目，因为演出少，渐渐地远离了市场和观众。有一句话叫"生书熟戏"，听书大家都喜欢听生的书，听戏大家都喜欢听熟的戏。现在的演出也不像过去，天天都有戏排练上演。过去，戏园子上下午演两场，上演的剧目就不能一段时间老重复演同一出戏。换新率在那时候看来就很高，这样就要求演员掌握很多出戏。现在的演出市场不像过去这么多，一个月的场次很少。所以来来回回上演的就这么几出戏，这也是造成优秀传统剧目的流失的原因之一。作为一名青年京剧演员，我想通过自己多年的舞台实践，创排出像《伍子胥》《杨家将》《失空斩》这些具有自己风格的代表剧目广为演出，这就是我未来努力奋斗的目标。

问：作为第三届青研班的师哥，您对学弟学妹有什么寄语吗？

我希望学弟学妹一定要好好珍惜上青研班的学习时光，不要浪费这次宝贵的机会。像这样学习的机会是不多见的，国家培养，师资雄厚。要好好利用三年的学习时间，跟当今顶尖的艺术家们认真学戏，刻苦练习，多多实践，将艺术继承下来，展现在舞台上。

杨少鹏的话：

我出生于梨园世家，父亲杨乃彭是天津京剧院著名杨派老生演员，母亲王新玲是天津京剧院梅派青衣演员，姑父是天津京剧院著名裘派花脸演员邓沐玮，我的伯父杨乃林是中央音乐学院作曲系教授，创作了众多脍炙人口的戏曲及其他作品，是著名的作曲家。

我们一直在戏曲艺术的最前线坚持发展与传承，我愿意传承父辈的意念，继续着我父亲对杨派艺术持之以恒、孜孜不倦的研究，用我的微薄之力坚守住这块传统艺术的阵地，用我毕生的经历研究发展中国传统文化的精髓。

简介

　　杨少彭，京剧老生。出生于1976年，现为北京京剧院青年团国家一级演员。自幼随父亲杨乃彭学习杨派剧目，如《失空斩》《伍子胥》《击鼓骂曹》等。1988年考入天津艺术学校，1995年毕业，同年考入中国戏曲学院大专班，师从丁振春、马玉璋，学习了《观阵》《英雄义》等剧目。1997年毕业分配至北京京剧院，1998年在《铸剑情仇录》中扮演眉间尺，2001年在《宰相刘罗锅》（第五本）中扮演刘墉，2002年在《沙家浜》中扮演郭建光。2002年考入中国戏曲学院中国京剧优秀青年演员第三期研究生班。2010年首届全国优秀青年演员流派班"杨派班"一班学员。1998年3月1日获北京市青年演员评比演出优秀表演奖，2001年1月在文化部举办的"全国京剧优秀青年演员评比展演"中，表演《文昭关》一剧，荣获全国优秀青年京剧演员评比展演一等奖，2001年5月12日，在中央电视台举办的"哈药六杯"全国青年演员电视大奖赛中，参赛剧目《文昭关》一折，荣获老生组"最佳表演奖"。

杨少彭访谈

张慧芳访谈

采访撰稿：卢飞燕　刘芯男

采访背景

　　我们约定的采访时间是在《四郎探母》响排前一个小时，从9层电梯出来之后，看见张慧芳老师跟我们在亲切地打招呼。身着休闲服，素颜打扮的她，丝毫没有角儿的架势。她亲切和蔼的笑容瞬间消除了我们的顾虑，我们的采访就在北京京剧院杜镇杰和张慧芳项目工作室里开始了。

对于演员来说，艺术见解与眼界的高低都很重要

　　回忆起在青研班的学习经历，她笑言自己是班上守规矩的好学生，上课总会提前很早到教室，而且每次都会坐到教室第一排的位置，生怕自己漏掉老师讲的内容。因为非常珍惜这个学习机会，在研究生期间从未落下半节课。其实早在上研究生班的十四年前，她就已经在学院1987年举办的大专班里进修过了。进班之前她在河北省京剧院工作了一年，边工作边学

习的忙碌生活让她记忆犹新。考入青研班后，她得到了李维康、刘秀荣 、谢锐青、艾美君、杨春霞、蔡英莲、王婉华等老师的指导。一开始她会按照老师的要求一招一式地去模仿，她所能做的就是在舞台上还原老师在课堂上的教学内容，然后通过不断地实践再形成自己的艺术风格。青研班的教学特色是不拘一格，学生可以集百家之所长，尽可能地在戏曲学院的摇篮里吸收养分。除此之外，青研班的理论课和

剧目欣赏课也打开了张慧芳的艺术眼界和视角。

她强调说："我觉得对一个演员来说，艺术见解正确与否和眼界的高低都很重要。可能暂时在表演技巧上你达不到，但你的审美眼界一定要高，这样你才能朝着最好最高的目标进步，而不会偏离这个方向。人们对艺术的评判标准有差异，但是有一个大体的艺术规范，虽说众口难调，我们要把握住规范的同时注意多样化，在舞台上追求真善美的东西，不要偏离艺术的本质。"

青研班是培养戏曲高端人才的新模式

青研班是现代戏曲教育制度下培养演员的一种新模式，演员这个职业有它的特殊性，很多表演技巧和经验要靠前辈口传心授。过去旧科班的制

度，学习时间长，重专业轻文化。现在的演员要与现代社会接轨，不仅要在专业上过硬，还要在理论上提升自己，否则演员的后劲不足。戏曲演员这个职业有很高的专业要求，需要演员不断地学习和大量的舞台实践。青研班让这些具备一定舞台经验的演员再回到学校充电提高，请来戏曲名家作为指导老师。跟老师学戏时是一对一的精英人才教学模式，这又带有传统科班口传心授的教学特点，因此对各位学员艺术水平的提升是非常显著的。

在行当规范中塑造不同的人物形象

此次青研班二十周年纪念演出，张慧芳搭档杜镇杰演出传统戏《四郎探母》，在剧中扮演铁镜公主一角。作为青衣演员，张慧芳的大多数角色都以扮相俊美、举止端庄著称。当然做演员都想挑战跟自己性格反差大的角色，对观众来说可能会有意想不到的演出效果，同时演员也在实践中激发出自己的表演潜能。张慧芳在湖北京剧院期间参演的《膏药章》《徐九经升官记》，其中塑造的小寡妇和李倩娘的角色让人印象深刻。今年7月份上演的《谢瑶环》中，张慧芳一人分饰青衣和小生两个行当的角色，在剧中也有突破自我的表现。对于塑造不同的人物形象，张慧芳对剧中角色有着自己的认识：无论演什么角色，都是在扮演人物，只不过是在自己行当规范当中。我们用所学的非常有规矩的四功五法来塑造人物，而不是像影视作品那种体验性的塑造人物。
因为我们从十几岁左右的孩子进学
校，老师就严格地规范你在舞台上
的一举一动，而且每个行当在初期
都要进行基本功的学习，青衣、花
旦、老生是什么样的台步，小生又
是什么样的步伐，你的穿戴和身形
就跟你所演的剧中人物是配套的。

　　《膏药章》里小寡妇是要求
塑造一个社会底层的人物形象，属
于青衣行当范畴。这个戏讲的是民
国时候的故事，服装方面没有传统
青衣的水袖，一开始我很不适应，都不知道手该放在哪里。导演俞笑予让
我借鉴话剧来体验人物角色，根据角色的穿戴和人物所处的社会环境，再
用适合人物身份的方式去调整自己的表演，从而让自己能够很快地进入角
色，融入到戏剧当中。一旦对这个人物注入了情感之后，演员会自然而然
地入戏。慢慢地我从不适应到适应，再到可以自如地驾驭这个角色。

杜镇杰和张慧芳项目工作室

　　张慧芳于2011年被调入北京京剧院一团，为推动剧院改革，更方便地
开展工作，在京剧院的领导支持下，成立了杜镇杰张慧芳项目工作室。作
为一个改革示范，希望可以打破原来院团割据的模式，项目制的实质是希
望演员能强强联合。工作室推出"寻梦·承泽"骨子老戏展演的项目，要
先报给院里审批，通过之后再宣传推广做市场。全院当中最好的配演，只
要在时间上能调开，张慧芳和杜镇杰都可以优先选择。这样一来，整个戏

的演员阵容强大，戏也会相对好看，对观众来说也是一件大呼过瘾的事。工作室主要就是负责一些项目演出的推广宣传和运营，此外张慧芳和杜镇杰还出了一套演唱CD，可以给广大戏迷提供方便。

关于传统剧目和流派的发展

京剧的传统剧目很多，流失的也不在少数，会演这些戏的老艺人们大部分都退出了舞台，年轻演员还没来得及学，也就没办法把一些优秀经典的剧目传承下来。张慧芳和杜镇杰项目工作室，在演出安排上会推出一些大家不大熟悉的传统戏剧目。有些对于观众来说比较生疏的戏接受度较低。针对这些问题，张慧芳也很疑惑，她说："观众大多数还是比较钟爱像《失空斩》《四郎探母》这样经典的传统戏。同时我们也想推出一些不常演的优秀剧目，让观众重新认识，但是演出的上座率并不高。我们也不太清楚观众具体的想法。但是有一点，学京剧的人都是拿老戏打基础的。一个优秀的演员首先是很多剧目的支撑，然后反复地跟观众见面，多实践多演出，加深观众对这出戏的印象。只有这样才有可能不断地进步，发现哪有缺失，再及时纠正。这种从量变到质变的规律是不会变的。"

京剧流派艺术大概产生于清末民初时期，从京剧三鼎甲的出现到梅兰芳先生，流派在四大名旦形成之时达到鼎盛时期。而且从行当和声腔的发展上都是高峰，后来流派的发展每况愈下。演员的天赋、师资力量、社会认可、观众关注度都与演员技艺水平相关。张慧芳在学生时代学戏打基础时，老师不会刻意强调学流派。张慧芳说："现在我们的流派发展肯定不如以前，确实也没有那么多的实践机会。我们所能做的是把优秀的流派传统继承下来。你在台下练十遍不如在舞台上演一遍，很多事情兴许到某一天会重新热起来。因为这个行业也是需要天才的，可能几十年以后还会有天才的出现。"

京剧是传统艺术，不是过时艺术

京剧是很高端的艺术，但并不是每一个能唱京剧的都是艺术家。作为演员来讲要从专业上提升自己，观众才会认可你。张慧芳说："我和杜老师一样是把京剧当成事业来做的。因为我们走市场，观众花钱买票看你的演出，首先我们要保证演出质量。这是从业人员的一种专业性、自觉性的体现。不要让大家觉得京剧是很陈旧的艺术，不要让其他人觉得看戏的人很怪异。京剧是传统艺术，但不是过时的艺术。要看以怎样的方式让观众去了解京剧，从而再喜欢上京剧。有些观众喜欢把现在的演员跟老唱片作对比，总觉得还是老唱片味儿比较纯正。因为梅先生的层次实在是太高了！我们现在的京剧演员大多数都达不到他的境界。毕竟京剧不是一个人的艺术，单打独斗是行不通的。即便是政府扶持，还要靠方方面面的人才。我们现在所能做的是就排好戏，从而适应当代人审美需求，同时又不失京剧的韵味，尽可能地吸引新的观众喜欢上这门艺术。

张慧芳访谈

民族文化的自信要靠我们自己来提升

戏曲在以前作为大众娱乐文化艺术，现在却被视为小众的传统艺术，不免让人心生感慨。西方文化强势地入侵，也冲击了我们的本土文化。不

管他们用什么办法来占领我们的演出市场或是教育市场，什么时候我们把自己民族的东西看得比外来文化要宝贵了，戏曲才会一天天地好起来。张慧芳说："文化一定是有血脉的！昆曲几百年了，是百戏之祖，京剧也在学。曾经一度处于发展的低谷，但是这几年通过对戏曲宣传方式的改变，吸引了一批年轻的观众。昆曲出现了复兴的生机，这是一件值得庆幸的事情！我们戏曲有唱念做打和非常丰富的表演手段，也应该有信心能保留下来。现在社会发展太快，对现代戏来说，京剧很多传统的程式手段都套用不上了，这也是传统戏曲的局限。作为专业演员，必须要塑造人物，掌握尽可能多的剧目。"

先给自己定个小目标

作为CCTV青金赛得奖者，获得过象征戏曲演员最高荣誉的梅花奖，从中国戏曲学院青研班毕业，又是北京京剧院的九大头牌之一。收获了很多的荣誉，拥有很多的头衔。对张慧芳来说她下一步的艺术目标很简单，

她说："先给自己定一个小目标：每天吊一个小时嗓，踢一百个腿，跑二十个圆场，然后肯定挣不了一个亿（此处有笑声）。要繁荣京剧，振兴京剧。把每一出戏都演好，让观众满意，做一个演员该做的事。闲暇时间还要继续跟老师学习，抓紧时间把没学到的戏学好，不要以后留遗憾。我所能做的就是踏踏实实练功和学习，在舞台上对得起观众，这就是我的艺术目标。"

简介

张慧芳，女，1968年出生，北京京剧院国家一级演员。曾为湖北省京剧院当家青衣，任湖北省戏剧家协会理事。湖北省文联副主席。中国戏曲学院第三届青研班学员。她扮相俊美、嗓音宽厚圆润，演唱韵味醇浓，台风端正凝重，具有大家风范。扎实继承与审慎创新结合，兼收并蓄，学习流派又不拘一格。擅演剧目有《秦香莲》《望江亭》《玉堂春》《四郎探母》《白蛇传》《杜十娘》《岳飞夫人》《孟姜女哭长城》等，得到众多京剧前辈、名家的精心指授。

2000年底在文化部举办的全国京剧优秀青年演员评比展演中获一等奖。

2001年5月在中央电视台举办的"全国京剧优秀青年演员电视大赛"中获优秀表演奖。

2001年12月在第三届中国京剧艺术节中荣获优秀表演奖；第二十一届中国戏剧梅花奖。

张建国访谈

采访撰稿：李源远　卢路路

采访背景

　　9月26日于国家京剧院有幸采访到奚派名家张建国。小编是国粉儿，激动之余还很紧张。团里的演员告诉小编国哥很平易近人，他们不叫他团长而是爱叫他"国哥"，对此他也表示十分乐意。想来没一点儿架子才是真正的角儿该有的样子吧。国哥唱奚派，初听其声，不觉其惊艳，却有流水今日、明月前身之感。他的艺术，不仅有奚派的形，更有奚之神、之韵、之意，时时令人凝思。想要回味奚啸伯先生的潇洒旷远，听张建国一样可以感受到。国哥也好写字，发力于纸上，力透纸背，雍容顿挫，有一种生生之气。想来，不仅得了奚派的真传，奚之精神所授亦不止戏，还有戏以外的东西吧。

一、演好一个人物而不是一个流派

　　非常感恩在青研班学习的三年时光。那时我们是双导师制，我的主教老师是朱秉谦，我的师父张荣培是名誉导师，欧阳中石先生也是挂名导师。朱秉谦老师是马派，我是奚派，但朱老师从未在唱念上要求我学马派，因为来到研究生班进修学习的目的不是从头开始打基础，口传心授地学习基本知识。很多基本素质，可以说是在进入青研班学习之前就应该具备的。我的基础是在拜师的十年时间里打下的。因此，在青研班跟朱老师学戏，学的不是流派，主要是学演员对人物的思考，以及在舞台上如何通过程式化的方式来塑造人

物形象。演员在塑造一个角色时，必须对这一人物有深入的认识和思考。比如说在研究生班学习的《将相和》一剧，我在学戏之前就查阅了有关蔺相如的文献资料，并逐字逐句研读，以加深自己对这一历史人物的理解。这样的工作是很有益的。我们知道剧中蔺相如这一人物身份地位发生了极大变化。从一开始被他人举荐，到渑池赴会再到完璧归赵，蔺相如的身份从一名门客变为宰相，地位上判若云泥。然而他又是一个有大智慧、虚怀若谷的人，虽被封为首相，但从不张扬，反而更加低调、谦虚，更重要的是他是一位有大局意识、忧患意识的官员。对于人与人之间的相处之道，他也看得非常清楚明白，充满智慧。正因为这样，才形成了《将相和》中的"几挡几让"，最后促成将相和好，同辅朝邦。通过这样对人物的分析和梳理，我才相对准确地吃透了这个人物的个性特色和内涵。其实我在石家庄京剧团的时候就已经演过《将相和》，原先主要演"挡道""封相""负荆请罪"几折，没演过前面的"渑池赴会""完璧归赵"，调入国家京剧院后重排《将相和》，朱老师重新修改剧本，在原来的基础上根

据奚派特色，又考虑到我自身的条件进行了修改和调整，朱老师一再跟我强调要演好一个人物而不是一个流派。老师的教诲，我铭记在心，一直指引着我的艺术之路。

二、流派、程式绝不是禁锢、阻碍自己的因素

比如这次参演的《杨门女将》，是京剧史上长演不衰的经典剧目，好戏还要好演员，这出戏是几代前辈艺术家们反复加工打磨才造就的经典。这戏我演了二十多年，进入国家京剧院前在石家庄就演，到国家京剧院后得到了杨秋玲、王晶华、冯志孝等前辈艺术家的指导。说到寇准这一人物的塑造，既不可游离流派之外，又不能被流派限制，还要把自己的艺术特点以及自己的想法体会展现出来。当年冯志孝老师就把这一角色演绎得相当到位，他宗马派，但他的唱腔也没有只拘泥于流派，而是把重点放在表现人物上，这是我们要重点学习的。到我这辈继承这出戏，我也不是按照流派演，对于一些身段表演我根据自己的特色做出了微调，又根据奚派的风格将一些唱腔稍作改动，从而形成一个具有我个人艺术特色的寇准形象。比如"金殿"一场，

寇准有一段【西皮流水】，其中"低下头来暗思忖"一句是一个拖腔，我将
奚派细腻的演唱风格融入此句唱腔之中，如此微调，既表现出人物内心思考
的状态，又不失奚派的审美韵味。我始终认为，不能用流派框死自己，不能
用程式禁锢自己，要利用唱念做打等一切艺术技法为人物服务，去塑造出一
个好看、可信、令观众喜欢的艺术形象。

三、感恩青研班 感念师生缘

　　追溯到二十年前，时任中宣部丁关根部长极具远见卓识，开创了研究
生班，开启了一条京剧演员培养的特殊通道，这是对传统京剧艺术的一种
抢救，也是对中青年京剧演员的一种激励。邀请一大批杰出的艺术家为我
们这些戏曲传承人号脉、把脉，根据每个人不同的条件量身定做、制订相
应的教学计划，以快速提升学员艺术水准。我有幸能进入到第二届青研班
学习，在文化方面、戏曲理论方面得到了很大的提高。业务方面，在我的
导师朱秉谦指导下，重新学了一批戏，比如《审头刺汤》《将相和》《赵

氏孤儿》《坐楼杀惜》《兴汉图》，其中他还帮我重新整理排演了《范进中举》《白帝城》等剧目。也正是在研究生班的学习过程中，我与朱老师结下了深厚的师生情谊。归结起来，真的很感谢研究生班，感谢创办研究生班的提议者丁部长，感谢中宣部，感谢老师对我们的培养。更要感谢的，还是朱秉谦老师。很多喜欢我的戏迷都知道我是一个很看重孝道的人，同时我也是全国演艺界中的"十大孝子"之一。颁这个荣誉给我是因为我孝敬师父的缘故。所以到现在，我和朱老师的关系都是非常亲密的，虽然朱老师不收徒弟，但我们之间的关系胜似师徒。他的女儿又在国外，所以在他日常生活碰到什么事情都会与我商量，不但从老师那学到很多戏，也学到了老师的为人处世之道，我觉得能为老师尽一份孝心，是一件很快乐也很有意义的事情。

　　说起我向朱老师学戏的机缘，其中还有一个很有意思的故事，其实早在很多年前朱老师已经闭门谢客了，基本不与外人接触，但当时国家京剧院的魏学策院长和他关系很好，魏院长请朱老师来看我的演出，请他给我说戏。有一次我演《打渔杀家》，朱老师破例从家里出来看了我的戏。那时我们在人民剧场上班，演完第二天老爷子来找我。我当时并不认识他，他见到我说："你是建国？"我说："是。"他让我伸出手来，在我手心里"啪"地打了一下，"昨天的渔网是怎么托的？"说着一边比画着。这时我才知道他是朱老师，我就在院里当着很多人给他做了一遍动作，如何拿起来，怎么托着，怎么上左脚，再如何甩网……朱老师给我重新归置，我从那一刻起就认定了，我一定要跟朱老师学戏。

人的一生总有几个重要阶段，我的成长过程也可以清晰地分为几个阶段。第一阶段是1975年毕业参加工作，在石家庄天天演出，甚至一天两三场，虽然唱了很多戏但很不规范。于是我意识到要想自己的艺术有真正的提高，还是要拜师。第二个阶段，是从1984年我拜在张荣培先生门下，我师父用了五年给我改毛病，从上场开始教起，学了一年半才把《击鼓骂曹》头场的上场学好。直到三十岁起才有了一点名气。三十五岁调到国家京剧院这个好角如林的地方，专业素质再次得到提升。第三个阶段，是进了研究生班学习之后，在原来师父教的、非常规整的奚派之基础上，又得到朱秉谦老师的点拨，学会了如何理解、把握人物，特别是将唱念做打等四功五法的技巧运用到人物塑造和创作中，这是朱老师在这个阶段上对我的教导，使我在表演艺术上又了很大提升。

四、半醉半醒间"技"与"艺"的融合

我在青研班学习的最大收获，在于艺术理论上的丰富以及进一步提升

了理解人物、塑造人物的能力。京剧艺术是"技"与"艺"的结合，有高超的技巧但表现不出人物，只是在卖艺；而把四功五法学到位，再将其运用到人物当中，这才是功力；只有将精湛的技艺带入剧情，融入人物中，才称得上是艺术。另一方面来说，仅仅理解人物还不够，对人物的理解和体会还要通过技艺表演外化出来。演员或许都有很丰富的内心体验，但怎么表现出来让观众感受到？这是问题的关键。如果演员脸上是空的，是没表情没戏的，即使自己心里再感动，观众也不可能感受得到。因此，我在塑造任何一个角色时都会处于一种半醒半醉的状态中，并没有完全沉浸在人物里，如果我自己完全沉浸其中，把自己感动得稀里哗啦，那就不是艺术了，艺术的要义是要感动观众，所以我既在戏中又在戏外。把握人物，就是要把握一个度，好比老虎叼小虎，不能把它咬死，也不能让它掉下来，要不松不紧恰到好处，这是一种心境，是内心的一种境界，能够跳进跳出，游刃有余。京剧艺术最独特的审美特质在于观众也是演员，演员也是观众，这是一体的。观众全程都是参与者，他们融入戏里，你哭他也哭，你笑他也笑，因此在和观众交流时我会跳出来。当然，演员也要有气场，有些演员往舞台上一站仿佛散发出光芒，这是气场带来的光环，你的眼神表情一表现出来就要把观众吸引住，好演员往台上一站就很出彩，让观众印象深刻，让观众的眼睛不舍得离开，就像一幅字画，你总想看，永远看不烦，这就是一幅好的作品，好的演员也如是。一场戏让观众看烦了，看不下去，看睡着了，那就是庸庸碌碌糊里糊涂的一场戏。

五、庙堂与江湖，袍带与做派

《杨门女将》中，采药老人和寇准没有可比性，一个在江湖一个在庙堂，一个隐于民间一个显在朝廷，是两种不同风格的表演。采药老人是一个从深山里出来的人物，虽隐居山林但也心系国家，颇有爱国情怀。在敌军面前装聋作哑，在正方面前又仿佛山中小鹿，乖巧亲切。他知道国家的境况，战乱遭祸，直到杨家将来了，他给指路，后来又听闻杨元帅为国捐躯了，很难过很感慨。这个人物最难把握的地方在于他作为普普通通的平民百姓，面对一群陌生面孔时态度

上的转变。起初误以为是敌军到来，虽是一介草民，但他身上散发着一身正气，丝毫不动摇、不妥协。当他得知是杨家将至此时，内心萌发出为国效劳的强烈愿望，抖擞老精神也要为国家奉献出自己的力量。我每次演出后都会观看自己的录像，曾经有一段时间我觉得我的表演不太好，演得太像庙堂上的朝臣了，因为我演了很多袍带戏，不自觉地端着，这种表演寇准可以有，但采药老人绝对不行，不能端着，相反还要卸下来，他可以有

仙气，但不可以有官气。所以我经过不断反思，不断琢磨渐渐找准了这个角色的定位和塑造这一人物的感觉。其实最早我没演过这个角色，是丁部长说建国身上好看，让他来试试演采药老人。后来丁部长看完演出后说："看来没有选错人。"所以这戏我就演到了今天。

六、像倒水一样打基础，像临帖一样去传承

关于流派的继承与发展，就好像我们练毛笔字，先要临帖，认认真真地临帖，反复临帖，只有把帖临好了才能随心所欲不逾矩。如果你连帖都还没临好就想有所发展创造，那创造出来的东西也是经不起推敲的。这个我感触很深，因为我现在在练毛笔字，但总觉得写不好，后来我反复思考，发现这就像我学戏，要好好地临帖，不管多忙都要临帖，一笔一画，横平竖直，慢慢地临到一定程度，这个字你想怎么写才可以怎么写。如果不这样是不可能达到的。再譬如倒水，你要先专注地往杯子里倒水，这是

一个不断充实、积累、打基础的过程，直到倒满之后溢出来的就是你自己的东西。所以我们现在要认真地学习四功五法，好好地扎实基本功，不要把那么精湛的艺术丢了，把四功五法真正学到家，学到一定程度，就像水一样，溢出来了，那就出东西了。

七、京剧正在渐渐失去本身特有的东西

一个戏曲演员的文化底蕴，非常重要。回头看看原来的四大须生，四大名旦，都是书画样样精通，有着多方面的艺术才能，因此演员不能只知道傻唱戏，还要不断提高艺术积累和文化修养，这样演出来的戏才会有内涵，才会好看，塑造出来的人物才会活灵活现，准确到位。除此之外，还要踏踏实实夯实基本功，现在京剧舞台出现了有很多问题，其中最大的一个问题就是丢弃了京剧艺术里很多规范化、程式化的内容，主张生活化。而京剧最独特的审美特征恰恰要艺术化，京剧艺术的魅力也是来自程式中，只有达到了艺术化才能慢慢地生活化，这是规律。然而，现在往往都是还没达到艺术化就已经简化了，京剧就失去了它独特的韵味了。韵味从何中来？就从京剧最基本的、横平竖直的程式中来。我这次在排演《奚啸伯》时，就一再要求不要太生活化，虽然是现代戏，但我们也要运用京剧的各种表现手段，每一个锣鼓点都要用上一招一式，所以我是有意识地在这出现代戏中将京剧传统的艺术手段融入其中，要让观众觉得，原来京剧这么美，京剧一招一式的程式动作不是枯燥的表演，而是有内容、有情感、有魅力的艺术表现。京剧不是话剧加唱。就像样板戏一样，哪一点像话剧。《长坂坡》中的赵云，他挥舞马鞭，通过程式动作表演上马，那个架势和技艺让观众忍不住叫好，我们何必要用声光电等其他的手段去代替，我们要做的是继承发展我们的优势，而不是一味地去学他人。我们在捡起别人平时惯用的东西时也渐渐地失掉我们自己最好的、最独特的、其

他艺术学不到的东西。真正懂京剧艺术的人，热爱民族传统艺术的人，对于这种现象无不忧心如焚，我们必须想办法改变。对于演员来说，我们应该在舞台上呈现京剧本有的美感，树立起从业者、观众对京剧艺术的信心。

简介

张建国，京剧奚派老生，国家一级演员。现任国家京剧院三团团长，全国政协委员、民革中央委员。第二届青研班研究生。曾拜著名奚（啸伯）派表演艺术家张荣培先生、欧阳中石先生为师，并长期受教于著名京剧表演艺术家朱秉谦先生。代表剧目：《白帝城》《失空斩》《范进中举》《龙凤呈祥》等。1989年只身闯上海一炮而红，被称为"小演员轰动大上海"。次年随团赴沪公演，盛况空前。他始终秉承"以字定腔、以情行腔、错骨不离骨"的奚派风格，音质古朴苍劲，行腔委婉细腻，表演生动到位。曾获白玉兰主角奖；第二届全国中青年京剧演员电视大赛最佳表演奖；以奚派名剧《哭灵牌》和《碰碑》荣获梅兰芳金奖；新剧目调演"程长庚大奖"；被推荐为"中国京剧之星"。

张克访谈

采访撰稿：栗小云

采访背景

10月2日，作为青研班二十周年纪念系列活动之一，天津市青年京剧团在长安大戏院演出《秦香莲》一剧。开演前一小时，我在后台化妆间采访了张克老师。虽然之前看过他的多出传统戏，但还是第一次见到他本人——没想到这么时尚帅气！为了配合采访，他还把身上穿的印花衬衣，换成一件藏蓝色的夹克外套。在我的印象中，他是那种精雕细琢出来的演员，在台上一举一动都是戏。台下却有一种难得的轻松感，语气轻缓、侃侃而谈。这也消弭了我采访名家的紧张，挖掘出了不少"独家感言"。以下是访谈摘要。

问：张老师您好！此次在纪念青研班二十周年的演出剧目《秦香莲》中，您饰演"王延龄"一角，您对这个人物的心理拿捏得十分精准。请谈谈您对这个人物的认识以及您在演艺这类角色时的心得体会。

　　《秦香莲》堪称是我们青年京剧团强强联合打造的一出精品剧目，参演的主要演员大都是获过国家级荣誉、拿过大奖的青研班的优秀学员，这种强强联合的方式是这个戏的一个特色。我在这出戏里饰演王延龄，就是王丞相，这个人物是一个非常正直公正的形象，他很同情含冤受苦的秦香莲，为她打抱不平，对于陈世美这样忘恩负义的行为深为反感。他作为一个丞相，本意是想尽力撮合，解决这对夫妻之间的矛盾。当他看到陈世美执迷不悟、无情无义的表现之后，非常气愤，因而全力支持秦香莲去状告驸马。这个角色的表演手法最早出自马连良先生，他把这个人物演绎得十分潇洒，将自己的大师风范融入其中，淋漓尽致地传达了他对角色的认识。在这出戏里，我借鉴了马派成熟的艺术手法，是从马先生再传弟子张学津老师那里学习来的。这个人物的呈现，以及这出戏的呈现，是老师口传心授的成果，也是全团联合演出的成就。

问：如您所说，对这个人物的演绎是由马派开创的，您作为杨派的老生演员来演这出戏，有什么感受？

我是杨派老生，学习这出马派戏对我来说是一次非常宝贵的经验。流派虽然不同，但我们演绎的是人物，这一次纪念青研班二十周年的纪念演出，需要我来演王丞相，那么我就要把他演好，要与大家默契合作。杨派本身也有很多表演潇洒的角色，而马派也有很多以唱功为主的人物，虽各有千秋，但只要将台上的角色表现到位，就是完成了演员的任务。作为一个专业演员，又经过了青研班的学习训练，这么多年的深造，对于我在认识、理解台上每个角色的内心世界和表演的层次上都有很大的帮助，所以这一次的学习实践，是我个人能力的又一次锻炼和升华。

问：我还看过您的另一出戏《击鼓骂曹》，您在其中饰演祢衡。在您的表演中，我们看到了这个人物的桀骜不驯、恃才傲物，这与"王丞相"身上的沉稳老道、正直智慧有着极大的不同，请从角色创造的角度谈谈您的理解。

对于这两个人物，在表现手法上是很不相同的。我们能够在舞台上看出，王丞相戴的是白髯口，祢衡戴的是黑髯口；他们的装扮也有很多不

同，王丞相穿的是蟒，而祢衡穿的是褶子，这两种服饰相对应的台步就不一样，更别提唱、念、做、表这些方面，都有内在的要求以及派别的区分。杨派在《击鼓骂曹》里的表演重在唱、念，现在我们又学习了马派潇洒飘逸的身段，这二者相结合，对于老生来说是一个相对全面丰满的角色处理。"王丞相"这个角色也是一样，我本身学了几十年杨派，在马派的表演中自然也融入杨派的技巧，形成了一个角色的互补，根据角色的年龄以及表演的需要来处理相应的唱腔和程式化动作，最终是为了能够达到舞台上的最佳效果。

问：您是当今杨派老生的代表人物，对这个流派今天的状况和未来的发展有什么样的看法？

流派是京剧艺术的重要构成部分，也是京剧发展的坚实基础，不管是梅尚程荀，还是马谭杨奚，都是在塑造不同人物的时候体现流派的特色。流派的继承者，首先是要继承好老一辈精湛的艺术，学习老一辈艺术家创始流派所凭借的深厚的舞台功底与艺术造诣。作为杨派的继承人，我想要学到杨宝森先生当年在舞台上的风采，最好的方法就是拜师。我拜的是程正泰老师，他是杨宝森先生的入室弟子，积累了很多杨先生所教授的真学问与舞台经验，而我也幸运地从他那里学到了杨派唱腔与表演的一些精华；现在我作为一个承上启下的继承人，又通过研究生班的学习，进一步丰满了内心世界、扩充了文化知识，就更应该也更全面地继承杨派的表演。继承之后需要进一步发展本流派的特色，这也是我和老师，和其他学员们共同探讨的一个问题。我认为流派的发展不能走弯路，也不能走邪路，更不能哗众取宠，这会对流派发展造成不良影响。所以我们现在先要继承老一辈的优秀剧目，并通过大量的舞台实践增加自己在舞台上的艺术技巧，提高自己的表演水平，考虑当下京剧发展的宏观局面以及出现的新问题，然后我们再去思索流派发展的创新改良。这些新问题是多种多样的，举例来说，如今剧场的音响系统愈见发达，话筒的传递和剧场的空间变化都给演唱带来了一定影响，传统的"肉嗓子"唱法的要求能否适应话筒的模式？剧场空间增大了，演员的形象在观众眼里变小了，怎样让观众清楚地看到你在台上的表情和动作以达到共鸣？演员和观众始终要有心与心的交流，观众才会入戏。因此我们要研究如何在大剧场模式下进行表演、吸引观众。今天这出《秦香莲》也是要探索这种情况下的人员分配与舞台表现。我们需要根据客观条件的变化，和观众一起把传统戏曲带入一个崭新的时代。

问：有同行评价，您是一位"精雕细琢"出来的演员，您对本派的一些代表剧目也有自己的心得和钻研。下面请您从杨派擅演剧目的角度谈谈流派和人物塑造的关系。

那我先说一下全本的《杨家将》，在杨派的演出版本里，前后要饰演两个重要角色，一个是老令公杨继业，另一个是寇准。这两个人物有着明显差异，在观众眼里要区别开来。从外观上看，杨继业是老年武将的形象，全身披挂；寇准则是中年文官的形象，穿着清秀的官衣和褶子。从性格上看，前半折的杨继业是老当益壮，不是衰弱无能，在剧中有大段的【反二黄】唱腔来表现他在艰难困苦的境遇下的心理活动，以大段的抒情和咏叹来叙述杨家的精忠报国的精神，最后他本人也碰死在李陵碑下，为了国家而献出生命。后半折的寇准是一个非常机敏的七品芝麻官，具有潇洒的风度，与前面老令公的大幅度动作和痛苦挣扎的姿态截然相反，他给观众呈现的是如何与潘洪斗智斗勇、探出隐瞒的真相，其中有一段唱"一轮明月早东升"，是剧中的名段。要在这里集中展现寇准的性格和思想。还有一段与潘洪对峙时的念白也是要着重表现的一个场景。所以这本戏前边的老令公演唱要苍劲，第二出《清官册》演唱要飘逸，第三段《审潘洪》念白要有力量。两个人物、三出折子戏各有风采，这是杨派的《杨家将》所具有的艺术特色。

接下来说一下《击鼓骂曹》，刚才也提到了里面的祢衡，杨派的一个特色是把《击鼓骂曹》和《洪羊洞》一起演，前面演祢衡，后面演杨六郎杨延昭。前面的《击鼓骂曹》是西皮唱腔，后面的《洪羊洞》有大段的二黄唱腔，尤其是杨六郎归天的时候，他演唱的散板是非常典型的杨派特点。从整体的唱腔来说，杨派这出戏的板式非常丰富，《击鼓骂曹》里融合了几乎所有的老生唱腔板式，还有一段著名的"夜深沉"曲牌，由演员击鼓和乐队配合完成，所以这出戏既考验唱功也考验击鼓的技巧。《洪羊洞》里的三段唱也是杨派特色，原板、慢板、快三眼，这三段即戏迷广泛传唱的名段。从做派来说，《击鼓骂曹》里的褶子步伐和脱去褶子只留里面箭衣时的动作，《洪羊洞》先穿帔再改成病房里的道袍褶子，其身段也是有变化的。所以说这出戏的唱、念、表、化装、服饰等各个环节都具有杨派的特色，可以说是一个代表性剧目。其实这也是流派形成的主要方面。

一个演员在塑造人物的时候不可能面面俱到，每个流派擅演的人物一定是适合该人物在剧中的状态并能把它演到最精准，因此塑造人物不是追求全面，而是把握精准和体现特色。

问：您创办了天津唯一一所有中专学历的私立戏曲艺术学校——天津观璎戏曲学校，请您谈一下您的教育思想和对戏曲人才培养的心得。

我也是从学生过来的，在天津戏校的时候，那里有很多高水平的老师，我在办这所学校的时候，首先要请好的戏曲老师，选择的标准是要跟老先生学过戏、接触过老一辈的名家或见识过一流的表演，并且要有一定的舞台经验，三个方面结合起来，就是我对老师的要求。对于学生，我的要求是刻苦努力、重视基础，只有经过长期刻苦的基础训练，才能有成才的希望。

问：您演过许多传统戏，也出演了《胭脂河》《曹操父子》等新编戏，请问您对戏曲的继承与创新有何看法？

排演了这么多传统戏和新编戏，我的感受是新编戏一定要把握住"度"，在创新的过程中不能过度地编排"要彩"的段落，这会影响戏本身的表现，传统戏看似是慢节奏的，但是其中的窍门就在这儿，没有慢就没有快。它对节奏的把握在人物的一举一动、一言一行都有所体现。我们不能总是追求快节奏，"度"的把握对于剧本来说至关重要。现在很多新编戏对"度"的把握出现了偏差，比如说，现的舞台布景过度地使用了声光道具而限制了戏曲的虚拟性表演，大量的声光电效果会对演员的唱做造成不利影响。我们常说，京剧是"角儿"的艺术，好多的新编戏并未重视这一点，使用了一些其他的艺术手段掩盖了"角儿"的光彩，这是舍本求末的做法。我们现在正在做的戏曲"像音像"工程就是要纠正这种错误的方向，也就是说要借助现代手法展现传统戏的魅力，而不是把现代科技

张 克 访 谈

作为一种噱头。戏曲的继承和创新要一步步来，尤其是传统戏，更是如此。只有逐步探索，适度添加，才能形成一个良好的发展势头。

简介

张克现为天津市青年京剧团主要演员。1975年入天津市戏曲学校习艺，中国戏曲学院青研班第一届学员。工杨派老生，曾受教于曹世嘉等名师，1986年经李瑞环引荐，同时拜程正泰、谭元寿、马长礼及香港名票丁存坤为师。擅演剧目有《四郎探母》《伍子胥》《大探二》《杨家将》《击鼓骂曹》《失空斩》等。张克扮相清秀，台风脱俗，老成持重。声腔韵味醇厚，不躁不拖，朴拙典雅，不尚雕饰。曾先后获得过全国中青年京剧演员电视大奖赛"优秀演员奖""梅兰芳金奖""文华表演奖"、第十七届中国戏剧"梅花奖"、2000年全国青年演员会演"荣誉奖"、2001年上海"白玉兰奖"和文化部多次全国会演的"优秀演员奖"。并以优异的成绩从中国戏曲学院优秀青年演员研究生班毕业。

金喜全访谈

采访撰稿：冯艺佳　齐　鹏

采访背景

第一次和金喜全老师联系采访的事，接通电话后他轻声说："不好意思我在排练，十五分钟后我们再联系。"第二天上午9点去采访金老师，我们一进门就惊叹："哇哦，好帅啊！"

金老师被称为"铁打的许仙"，一个人跟很多"白娘子"同台搭戏。金老师说："我如果一天不压腿，我自己走路都觉得别扭。"这一句话就让人知道为什么他是青京赛唯一一个获得金奖的小生——金牌小生贵在脚踏实地，真是台上一分钟，台下十年功啊！

问：金老师，请您谈谈当初进入青研班的情况，您最大的收获是什么？

收获其实挺多，最大的收获是我拜在了叶少兰老师门下。我是2004年进入的研究生班，2006年拜了师，2007年底毕业的。以前就跟叶老师学习，后来进了研究生班之后，就是更加系统地学叶派小生，在这个流派上下了很大功夫。其实也是沾了青研班的光，研究生班给了我这个机会，跟老师接触的机会就多了。

在院团忙于演出，所以在学习方面就不像在研究生班这么系统。在学习的过程中就能体会到流派是京剧传承的一个重要的因素。尤其是京剧小生行当，叶派占据的比重相当大，而且叶少兰老师也是最具权威的领军人物。通过这三年的学习，我们在艺术上有很大的成熟和进步。

不仅学习了戏，还举办了个人专场，而且是在一个月之内。因为是我的专场演出，所以我们上海京剧院就非常重视，就把它改成了《群英会》到《打黄盖》，再到《壮别》，这算是一个创新。也就是在这一天我拜了师。专场演是一个星期一出戏，第一个星期就是《群英会》，第二个星期是全部的《罗成》，这也很少见。《罗成》是叶少兰先生的代表作，第三出戏是《吕布与貂蝉》，第四出戏是《周仁献嫂》，这四出戏都是叶派的代表剧目。这四出戏在排演当中都得到了相当大的提高，这都得益于在青研班的学习。

我们上海京剧院，有很多的创排剧目，如《红梅阁》《百花公主》《狸猫换太子》，这些新编戏，我们是没有可以去模仿的，这同样得益于研究生班。老师给我们讲了很多手法，在表演上、服装上、音乐上、舞美上，都告诉我们应该怎样去烘托表现这个人物形象，受益匪浅。

昨天我就在想，我的很多事儿都在研究生班发生，包括我结婚就是在研究生班的时候。在还没有考进研究生班的时候，我们就已经谈恋爱了。在恋爱的时候我们俩一块考进去的，在研究生班学习的时候结的婚。这在研究生班好像是唯一的一对，同时在一个班里面上课的，就我们俩，当然有很多对儿夫妻全都是研究生班的，但不是同一届，同一届的只有我们俩。相互之间有个照应，所以研究生班也成就了我们俩。首先是成就了我们拜师，再就是成就了我的这个家庭，还有一个就是我们俩从研究生班里边双双拿了金奖。2005年的电视大赛，她是花旦组的金奖，我是小生组的金奖。那个时候小生组就我一个金奖，很荣幸。可以说这一切都得益于研究生班。

到目前为止，我已经毕业八年了，一直是头顶着青研班学员的桂冠和称号。这其实是对自己的一种鞭策。可以说自打进了研究生班，就是要拿出

金喜全访谈

一个踏实、勤奋、好学的态度去认真仔细地琢磨咱们舞台上的人物形象，以及咱们的京剧艺术。小时候学戏，给自己定的目标，就是要把腿踢到脑门这儿。要想功夫好，你用一两年的工夫就可以达到。想要自己的翻身再快再圆，你可能需要半年，或者几个月的时间也可以达到。再到后来我需要的嗓子，调门我要够得着，经过一些科学的方法也可以达到。这些基本功，经过训练之后都达到了，目标好像就离你特别近了。但是自打进了研究生班，你就能够感觉到这只是万里长征的第一步。进了研究生班好像是我们人生的一大目标，一个目的地，或者说是一个里程碑。其实往后走下去，道路就更加远了。进了研究生班并非就进了保温箱了，而是一个更新的开始。我记得在海角天涯，有一个碑上写着八个字：路止于此，海始于斯。道路到了这里继续往前就是大海了，你前面是大海，可以长时间地徜徉在艺术的海洋里。

其实研究生班就像是这样一个临界点。不是让你一直踢腿、翻身，而是怎样把这个戏演好，演活这个人物形象。还有就是怎样去运用技巧，以及我们怎样去继承，科学地去继承，既不是简单地模仿，也不是肆意地去更改。传统的精华就在那里，好的东西就要取其精华。那么研究生班就给了我一个很大的启发，越学越感到自己的不足，因为你看得多了。研究生班就是给我们这些青年演员，打造了这么一个拓宽视野的平台。能来到研究生班，对每一个演员来说都是终生幸运的一件事，也是会始终影响你艺术生涯的一个阶段。

问：您学戏到现在，有没有这样一个契机，或是一场比赛，一场演出，或是一出戏，促成了您在表演方面的转折？

因为我一直是小生演员，十三岁学戏就是小生，到现在都已经二十多年了，还是一样。当时学戏就是喜欢，就一直坚持下来了。到现在我也没想过要去做别的，就是台上的一亩三分地儿，所以没什么转折点。如果一定要说转折点，那还是上研究生班。

在研究生班学习的时候更多的是继承。我很欣赏对传统的忠诚度，在这个时代我们京剧人就应该怀着一颗感恩的心，做好京剧艺术的承传工作。

十年前我是在学这个戏，演这个戏，十年后我开始教戏了，我现在已经在教学生了。有些戏，心里有数又有谱，我愿意教，学生们也乐意去学。比如像《八大锤》这样的剧目，也是我那时候拿奖的剧目。我希望学生们能够早点学，早点演。如果等到他们都三四十岁了，那还能唱得了吗？所以要尽早啊！对于戏曲的传承，这是我们身上的一个责任，义不容辞的一个责任，怀着一颗感恩的心，做好京剧传承工作。

说到创新，就说一下今年12月就要拿出来的这一出戏《兰陵王》。这是一出新戏，灵感起源于研究生班毕业之后。我们上海京剧院在创新方面还是很重视的，一直走在前列，也一直鼓励我去创作这个戏。当时有一个非常好的契机，我们青年文艺家有一个嘉年华的活动，鼓励大家去创新。当时就自编自导自演了一折《兰陵王》，出来以后效果还不错，而且这个戏非常适合小生，定位非常准确，大家也都觉得合适。这个剧本从2010年开始准备，经过六年了还在修改，12月就要演出了，还在不停地修改。昨天晚上我跟我的服装师说到12点。一件一件地设计我的服装，这个地方是什么花样，那个地方是什么纹饰。其实这些本领都是从研究生班里学来的。研究生班里有这个课，谭元杰老师给我们上了京剧服饰课，系统地学习，没有用不上的。

问：您刚才提到了自编自导自演的《兰陵王》，所以想请您谈一下，您在导演方面的心得体会？

在以前的戏班里，好多知名的艺术家，他们本身就是导演或者编剧，他们在充当着编导的职责。像卢胜奎先生，他就是个好的写手。再到后来，电影《野猪林》的拍摄，分镜头的剧本，好多都是李少春先生设计的。电影里边需要加一段唱，平时演出是没有的，只有在电影里边才出现，那么李先生就设计出来了。

其实没有演员说是演戏演够了，再去尝试做一下导演编剧，至少我没有这样去想过。更多时候是一种热情。比如说我就是出于一种热情，我喜欢琢磨这件事，平时喜欢多看一点古文诗词，附庸风雅，虽然我们并不风雅。特别喜欢唐诗宋词，寥寥数字，但意韵浓郁，就像中国的水墨画，这跟中国戏曲是相通的，都是写意的。

我原先有一出《牛郎织女》，也是我自己写的，那时候就是在研究生班没事的时候写的。当时是想给我们俩写一出戏，尤其是七夕节，应节的戏。可是因为种种的原因没有排成。后来我就上报了这出戏，但是《牛郎织女》是一部大戏，需要布景，需要足够的人手，那时间肯定不够。既然这个题材有点儿大，我就想着自己还有一出戏，就是《兰陵王》。后来就定了《兰陵王》，我这里一边准备着《八大锤》，一边着手准备《兰陵王》，两手方案，两手准备，同时进行。

那时候腰椎间盘突出坐也坐不住，只能趴在沙发上写剧本，当时就在想《兰陵王》是什么主题。后来想了二十天才真正开始动笔。兰陵王不是戴着一个面具吗，就把面具当成了主题。引申到我们在这个世界上，在这个人世间，哪个人不戴面具？都戴着面具。如果这个人摘了面具，那么这个社会又会是什么样子呢？

从剧本创作到排演，总共一百天，这出戏出来了。包括前两天演的《红梅阁》，刚开始结尾的部分没有什么力度，收不住。所以到了后面李慧娘就加了一句："不悔当初美言赞，但恨今生情未圆。深恩难报天地远，人鬼殊途意绵绵。"随即，李慧娘就被小鬼收走了，这么结束。加了四句诗，没想到我这个创作在《空中剧院》上演，人家还把这四句诗记下来了。并不是我要去卖弄文采，我也没什么文采，因为我就是裴俊卿，我的情感早就已经融进去了。我天天看着李慧娘(熊明霞饰)在我身边背戏，那我可能比剧作者更深一步理解李慧娘。编剧，厉害就厉害在从无到有，我们演员就是在有的基础之上不断丰富。

京剧没有必要跟其他艺术去比较，比是不智慧的，把自己做好就可以了。京剧是国粹，它是引领艺术的。很多时候包袱抖不响，叶老师说了，观众要是没听明白他回去之后会自己琢磨，通过这个戏他就懂了。这就是文化传承，如果观众不懂我们也不去演，顺着观众走，那还能留下什么呢？这就是京剧的高度，京剧的引领作用。

问：这次《白蛇传》您作为唯一的小生在台上表演，跟这么多的白蛇合作过，在塑造许仙这一形象的时候，您是不是有更多自己的理解和感悟？

许仙是我演得最多的一个形象，多到我也记不清楚演了多少场了。前两天给我做的宣传语就是：铁打的许仙，流水的白蛇。

许仙是《白蛇传》里唯一的普通人，其他的都是水族神将，得道高僧，千年蛇妖。既然是人，他就有人性的弱点。他懦弱，多疑，患得患失。他的优点也很明显，就是善良朴实。这个优点就让他成功俘获了白素贞的芳心。法海一直教唆许仙，许仙摇摆不定。最终是爱情战胜了许仙的疑惑，"你就是蛇仙我心不变"，这个时候坚定了。后面一句，"呸，吃人的是法海，不是妻房"。这一句，田汉老师就把许仙的人物形象树立起来了。这个人物形象是活的，他是在变化着的。起初疑惑，后来觉醒，这才是许仙这一形象的可爱之处。

问：您和熊明霞老师经常合作，既是现实生活中的夫妻，又经常在舞台上扮演夫妻，默契是怎么培养出来的？

我们俩自打结婚到现在话挺多的，但多半是戏上的话。生活中话不多，多半是在说戏。

比如我的扮戏化装，好多都是熊明霞在给我出主意。眼睛该怎么画，眉毛该怎么画，哪个地方该浓一点，哪个地方该淡一点，对我帮助特别大。我们戏曲演员的化装也是从小找到老，因为脸在变。最熟悉你的那个人看你是最准的，比如今天现场直播，她就会告诉我今天色儿重了，我下去的时候就赶紧掸点儿粉，哪儿不够了，我再去加点儿胭脂。

排戏的时候，互相提意见。比如她的声音有些靠后，我就告诉她，这个声音不对，往前打，找到位置。包括前一阵儿嗓子一直不好，她就帮我找发声方法。我们都是演员，家里还有孩子呢，很多时候就得互相分工，互相理解。现在像我们这样的梨园夫妻挺多的，我们上海京剧院就挺多，最少也得十来对吧。彼此之间可以互相帮助，这挺好的。

《致青研班创立二十周年》

今年，欣逢中国京剧优秀青年演员研究生班创立二十周年，作为第四届青研班学员心中十分感慨。一是为青研班高质量全方位地培养戏曲人才，成绩斐然影响广泛而赞叹；二是为自己非常幸运地从羡慕企盼到身临其境再到舞台实践，青研班从梦想到现实再到恒久的伴随与滋养，它始终激励并见证着我和我们所有研究生对京剧艺术的不断追寻。

追寻，不同的经历与梦想决定了每个人不同的人生目标。舞台方寸，文章无限，演绎精彩，终生无悔。曼妙的戏曲艺术造就了我们共同的追寻。大千世界，无尽悲欢离合，角色的浅笑低颦、嗔怒羞臊、手眼身步中寄情于我们意犹未尽的追寻。唱念做打博得喝彩声四起，余音绕梁，可晓得那其中蕴含了历代戏曲人的痴迷追寻。当追寻在血中流淌，在心中扎根，便不觉得苦，不觉得累，有的只是不断攀登，因为戏无尽，艺无涯！

记得接到研究生班录取通知书的那一刻，兴奋、憧憬、信心十足、干劲满满……因为在那一刻以往的追寻似乎找到了一个目的地，但那又是一个更高的起点，一个更加需要磨砺心智的追寻拉开了帷幕。在研究生班的学习期间我有幸得与叶少兰先生全面学习叶派小生艺术，在我的个人专场演出之际得拜叶先生为师，身列叶氏门墙是我苦苦追寻的梦想，当师父的教诲、寄语和希冀响于耳畔，沁于心脾时，一份沉甸甸的责任在心中升腾，研习舞台表演，承传艺术精神，将是我毕生的追寻。

如今我已研究生班毕业八年，头顶青研班研究生的名号一刻不停地鞭策着我严格要求自己，唱好每一出戏，演好每一个角色，不辜负领导、老师和观众们对我的培养、鼓励和希望。京剧艺术内涵深邃，研究生班为我开辟了一条研习探索的途径，这条路并不平坦却饱含快乐，这条路并不畅通却曲径通幽，这条路并不短暂却充满阳光。追寻在这条路上，一路欢笑，一路高歌……

感恩中国京剧优秀青年演员研究生班！祝福中国京剧青年演员研究生班！为中国京剧青年演员研究生班点赞！

简介

金喜全，上海京剧院国家一级演员，工小生，文武双全。第四届青研班学员。著名京剧表演艺术家叶少兰先生的入室弟子。

1991年考入河北省艺术学校（中专），1998年考入中国戏曲学院表演系，在校期间深得茹绍荃、萧润德、张春孝、毕高修等名家亲授。2002年毕业进入上海京剧院工作，现为剧院国家一级演员，工小生，叶派传人，叶少兰少将的入室弟子。2004年至2007年就读于第四届中国京剧优秀青年演员研究生班。

代表作品有《八大锤》《雅观楼》《战濮阳》《群英会》《白门楼》《辕门射戟》《飞虎山》《打侄上坟》等众多传统剧目。他功底扎实、文武兼备、扮相俊秀、台风儒雅。

全国京剧青年演员评比展演一等奖；全国京剧青年演员电视大赛"最佳表演奖"；2005年获CCTV第五届青年京剧演员电视大赛小生组金奖（榜首）及"观众最喜欢的演员"奖。

赵秀君访谈

采访撰稿：栗小云

采访背景

　　作为青研班二十周年纪念活动之一，中国戏曲学院戏曲评论中心开展了青研班名家访谈的系列活动。我的第一个采访对象是天津市青年京剧团的赵秀君老师。给她发短信说明情况，没想到很快就收到回复，约好了当天下午的电话采访。10月2日，青年团在长安大戏院演出《秦香莲》，我又对她做了现场采访。两次接触，她对戏曲艺术的敬畏、对张派艺术的热爱，给我留下了深刻的印象。她对梨园掌故娓娓道来，颇有"口述历史"的意味。在此稍作整理，以飨读者。

　　问：您是中国京剧优秀青年演员研究生班的第一届学员，参加青研班对您的艺术之路有什么影响？作为青研班的第一届学员，回忆一下当年参加青研班的情形。

　　最大的影响是培养了我学习的习惯，使我这么多年来没有放弃学习。

青研班从第一届到现在的第六届，一直给年轻人提供学习的平台，让大家重新检验自己。学员中的大多数人上完中专、大专之后就参加工作了，工作一段时间之后，再回炉深造，这种方式对于京剧演员来说是必要的，因为京剧它不是学完就行了，它是不断学习、实践，再学习、再实践的一个过程。只有经过这样不断的打磨，才能积累出比较精到的技术。

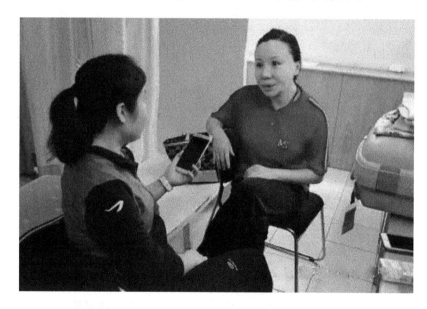

学习可以锻炼定力，如果心浮气躁，认为自己有点儿意思了，那今后的路就会特别艰难，艺术上也难以再上一层楼。我觉得青研班使我们这些同学，能有一个学习机会，有一个端正的学习态度。这是青研班最宝贵的地方。

我参加的是第一届青研班，得知有重新上学的机会，心情很激动。记得当时赵景勃老师和张关正老师，还特意去团里给我和王蓉蓉发了一个张派的奖学金，同时通知了我们青研班这个事情，这对我来说是莫大的幸运。在青研班就读期间，我不仅学了《金山寺》《穆柯寨》等剧目，更重要的是增加了理论修养，这将是我一生的财富。

问：您是张派传承人中的代表，您对张派的传承和发展有什么看法？

首先，传承对于学习京剧来说特别重要。京剧的艺术创造过程非常繁复，你学得越细致，你的功夫含金量就越高，你在舞台上呈现出的能力就越强。实际上，京剧剧目的故事内核是一致的，宣扬的都是真善美。但是通过演员的二度创作，给予观众的是技巧和艺术升华后展示出的人物形象，所以说京剧是"角儿"的艺术。我们的前辈大师两百多年传承下来的艺术，值得我们不断学习。他们在没有录像、没有录音的情况下，能创造出那么精湛的艺术，现在我们的条件好了，录像、录音都有，国家也非常支持我们的艺术，出台了一系列的政策，但是它传承还是有困难，这个问题值得深思。

京剧的魅力，不仅仅体现在故事性上，还要有趣味性。当时张君秋老师看了川剧的《望江亭》，觉得这个剧目很有趣，就想把它改编成京剧。当时张先生要去上海演出，他们在去上海的路途上创作了这个剧目。在上海演出了二十多天之后，到最后一天了，他说，我们把这个新戏演一场吧。在当时的情形下，也没有做新服装，就用现有服装，在上海演了一场，效果特别好。然后不断修改完善，这个戏就流传下来了，到现在是经典之作。

张派还有一个代表剧目《状元媒》，是从汉剧中移植过来的。与原剧相比，它的故事内容并没有变，关键看怎么诠释它，使观众感受到京剧的艺术之美。《状元媒》的核心人物是柴郡主。原先的剧作对柴郡主并没有很细致地刻画。但是通过张派的《状元媒》，观众对于柴郡主就有了很深刻的印象。她和叔王的关系，她和八贤王的关系，处理得恰到好处，显示了她的智慧。她在宫中长大，是柴王的后代，她的身份决定了她有这种智慧。张先生在唱腔的表达中体现出这个人物的智慧，所以你看"自那日"的唱段，一直到导板、慢板、原板，她和八贤王、和状元，到后来她和叔

王唱的那段【二六】，她是很机智的，她的诉求不仅不让叔王反感，最终还依了她。细细琢磨，先生真是吃透了柴郡主这个人物，才设计出她的唱腔、念白、动作，显示出那种大家闺秀的感觉。先生在这出戏用的声音是非常的娇美，抓住了柴郡主宫中长大、未出闺阁的少女的特征。《望江亭》中谭记儿声音就不一样。谭记儿也有智慧，但她这种智慧具有少妇的成熟感。所以对这个人物声音的处理、唱腔的处理，和《状元媒》要有所不同。再说《祭塔》。《祭塔》中的白娘子，她是压在塔下悟道。她的人物身份是修炼之人，所以她的声音，是有底蕴的。因此先生把她的声音处理得非常结实，很有底气。这几出戏，我都是一遍遍揣摩，越揣摩越发现，前辈大师们对戏曲艺术的雕琢，就体现在这样点点滴滴的细节处理上。作为传承者，如果我们不虚心地领会先生的艺术、他表现人物性格时细微的变化，就领会不了他的用心，也无法领悟张派的精髓。

问：张派声腔很有特色，您能说一说吗？对于流派学习，您在这么多年实践中有什么心得？

与老一辈旦角相比，它进一步地发展了京剧的声腔艺术，在板式处理上，增加了很多变化，使得唱腔中有了一种歌唱式的感觉，非常悠扬。但是我们板槽一定要准。要做到"三准"，板槽准，吐字准，音位准。张先生善于把其他艺术门类的元素融入到京剧中。比如《西厢记》，就融入了花腔女高音的唱法。先生总嘱咐我们，要不断地去学习，把好的东西装到自己的兜儿里，用的时候，就拿出来了。这一点先生是我们学习的榜样，张先生跟王瑶卿先生、跟四大名旦都学习过。把他们的优点，都运用到了自己的唱腔中。张先生的唱腔为什么这么丰富，就是因为他能够博采众长，为己所用。

我每天都会听先生的录音，每天听，每天唱。每一位戏曲演员都离不开学习，关键是要怎样去学习。你学派别，要规范地去学习。如果只学习它某一方面的特点的话，就会变形，会变成一种漫画式的东西。要学，就学习它的中道。所谓中道，就是法则，有了这个法则你就好办了，就不会出去了。然后你就循着这个中道诠释人物。如果没有抓住流派的基本特征就盲目地认为自己是在发展的话，有时候背离正确的轨道已经很远了。

问：每一位优秀的演员都是转益多师，谈谈您的老师们。

在青研班学习期间，我跟李金鸿老师学习了《金山寺》，为此张先生专门给金鸿老师打了电话。还有张正芳老师，我向她学了《百花赠剑》。同时向蔡英莲老师学习了很多张派剧目。我还向张逸娟老师学了《拾玉镯》。青衣这个行当，声音和表演容易刻板，学习《拾玉镯》，是为了增加一些灵动的东西。其实从王瑶卿先生那儿，就注意到了这个问题，那会儿的青衣真是在台上一动不动。他想创造一种集花旦、青衣为一体的行当，也就是后来的花衫。梅兰芳先生的《醉酒》《别姬》《宇宙锋》，张先生的《状元媒》，都不是纯青衣的表演，加入了花衫的成分。这些京剧大师，他们都是与时俱进的，他们塑造出来的人物一定是鲜活的。

问：这次青研班二十周年纪念展演中，您出演《秦香莲》一剧并饰演秦香莲，您已多次饰演这个角色，谈谈您的体会和感悟。

能参加青研班二十周年纪念演出，团里高兴，作为演员我们就更高兴。这次展演，一是检验我们的学习成果，二是回馈一直以来支持我们的观众。作为青研班的首届研究生，毕业二十年了又能聚在一起，真的特别感谢学校和活动主办方。

秦香莲这个角色，是比较吃功夫的。每次演出前，我都是抱着重新诠释塑造这个人物的态度做准备。只有把每个环节处理好，才能做到整体的流畅到位。从人物性格心理分析，秦香莲虽然是民间女子，但是她也识字，并且通情达理。当陈世美一开始不认她的时候，她对他的感情不是恨，而是怨，她不是一个激烈的人。面对矛盾，她的解决方法是摆事实、讲道理，所以观众才觉得秦香莲可怜可爱，对她有深切的悲悯与同情。其实京剧青衣这个行当，塑造的人物都是正面形象，反映了传统文化中的仁、义、礼、智、信，因此它有着顽强的生命力，永远不会过时。

问：您主演的《韩玉娘》，受到了观众的喜爱。谈谈《韩玉娘》以及您对新编戏的看法。

京剧《韩玉娘》，改编自梅先生的《生死恨》。它保留了原剧的精华，在继承了梅先生大方、中正的整体风格的基础上，又有着自己的创新。比如第三场反二黄那场，就吸收了一些其他唱腔的元素。这出戏最大的改动是韩玉娘将死之际的唱段，这段唱吸收了杨宝森先生《洪洋洞》中唱腔，运用了大段的散板。散板的特点是自由、长于抒情，这就把韩玉娘将死之际的满腹感情，做了淋漓尽致的抒发。这出戏我也多次演出，从演出的场次和观众的反应来看，我们的改编还是成功的。

新编戏是继承了传统基础上的创作，它在保留了流派特点的同时，融入其他艺术的元素，化入要创作的唱腔里。但是在大方向上必须根据板式和规则来处理。京剧是高度程式化的艺术，有它必须保留的成分，随着时代的发展，也有它可以创新的地方。这个创新不是随意地创新，它不能离开京剧的本体，这一点对于我们继承者来说尤为重要。

简介

　　赵秀君，天津市青年京剧团演员，国家一级演员，全国政协委员，全国德艺双馨荣誉获得者，享受国务院津贴。毕业于天津市戏曲学校。中国戏曲学院首届优秀青年京剧演员研究生班研究生。工青衣，艺宗张（君秋）派。向李近秋、张学华及蔡英莲等老师学艺，1993年拜著名京剧大师张君秋为师，得其亲授。赵秀君嗓音宽亮、音质优美，能掌握张派行腔委婉细腻的技巧，扮相端庄秀丽，台风高雅。擅演剧目有《秦香莲》《韩玉娘》《楚宫恨》《四郎探母》《状元媒》《刘兰芝》《西厢记》《金山寺·断桥·雷峰塔》等。为拓宽自己的戏路2004年又拜著名京剧表演艺术家杜近芳为师。曾先后荣获"中国戏剧梅花奖"，全国青年京剧演员电视大奖赛"最佳表演奖"，第三届中国京剧艺术节"最佳表演奖"，第十届中国艺术节"优秀表演奖"。1996年被推选为第二届"中国京剧之星"。

朱强访谈

采访撰稿：张昆昆　李源远　张睿琦　郑媛文

采访背景

9月29日上午，我们来到北京京剧院，采访了马派老生朱强。朱老师正忙于青研班二十周年的庆典演出和排练工作，就在办公室接受了我们的采访。老师为人谦和亲切，很认真地回答了我们提出的每一个问题，整理出来的采访稿因篇幅较长，故分上下两期推送给，以飨读者。

名师启蒙、马派结缘

谈到我与马派的缘分，是有一定历史渊源。当时我们在戏校学的都是样板戏，不分流派，给我们上课的老师都是当地剧团里比较著名的演员。比如有"小杨小楼"之称的姚世茹先生，他是富连成"世"字科的，很有名气。还有杨宝忠先生之子杨元咏，有"小盖叫天"之称的黄云鹏先生。我小时候什么都学，什么都练，到后来才逐渐开始专攻老生，学习马派。

　　1977年我从戏校毕业，进入沈阳京剧院工作，到1994年调入北京京剧院青年团。这些年来我一直跟随尹月樵先生学戏，她1960年就拜在了马连良先生门下。我先是跟随尹老师学了一些现代戏，如《红色娘子军》等。后来恢复传统戏时期，尹老师再登台，演了《秦香莲》《群英会 借东风》《红鬃烈马》《四郎探母》《清官册》等传统剧目，我又开始跟随她学习这些传统戏。因为尹老师是马先生的入室弟子，我一直跟随尹老师学戏，算是系统地学习了马派艺术。

　　说起当年学习经历，的确辛苦。一出《打登州》学了三年多。这是一出箭衣老生戏，不仅要求唱念上要有良好的功底，对于身段基本功也有很高的要求。尹月樵老师为教我这出戏，花费了很多精力，每天带着我练功、跑圆场。她认为要想学马派，就必须从基本功开始。由于我们是学样板戏出身，传统戏的很多基本功，比如台步、水袖都没练过；传统戏的服装包括厚底、褶子、箭衣等都没穿过，也没勒过水纱、网子，现在重新学习传统戏，这些基本功都要重新找补回来。因此那时候一天下来，除了排戏，剩下的时间都在练功，直到晚上去剧场演出，日复一日从不间断。其间还有全国各地的京剧团到沈阳演出，比如北京京剧院、山东京剧院、云南京剧院、天津京剧院等，我每次都去看。那时候的经济并不富裕，只能往剧场里一钻，蹭戏看。当时沈阳的京剧演出市场很景气，氛围特别好，观众也很欢迎，北京的剧团时常到沈阳演出，于是有幸观摩学习了马长礼先生、周文龙先生、马崇仁先生、谭元寿先生等前辈艺术家们的演出。当时觉得看北京京剧团的戏真是太过瘾了，能看到他们的演出是那时很向往的事。

1981年，我跟随马崇仁先生学习了《赵氏孤儿》一剧。1987年，张学津先生率领北京京剧院招标团来沈阳演出，当时领导想让我拜师，我表达了想拜张学津先生为师的愿望。团里征求了先生意见后，先生也对我进行了一番考察。我最终如愿以偿，拜在了张先生门下。拜师之后，就正式地进入了马家门，学习马家戏了。

1988年，我参加京剧演员电视大赛后，有幸进入明星班——研究生班学习，1994年调入北京京剧院。

进入北京京剧院是我的梦想，我认为自己在艺术上没有很深刻的认识，也没有多大成就，所以刚调入时简直不敢相信这是真的。北京京剧院是马连良先生曾经生活和工作过的地方，这里有很多熟知精通马派艺术的专家，包括跟他合作过的演员、乐队、舞美。因此，进入了这个精英会集的地方，来到了马派艺术的大本营，学马派也可谓是近水楼台，如鱼得水了。从进入这一行开始，我也一直在努力着，不停地学习，直到进入北京京剧院，我觉得距离自己的马派梦又更近了。

我常常觉得自己是受命运眷顾的幸运儿。我赶上了这么多好老师，尹月樵先生、迟金声先生、马崇仁先生，再到我的师父张学津先生，这些老师可以说都是全国顶尖的艺术家。他们有着深厚的艺术底蕴，对马派艺术更有着透彻的理解，所以跟随他们学戏不是一天两天的事情，而是一个长期的过程。从跟尹老师系统地学习马派艺术，再到拜张学津先生为师，归入马派艺术至今，经过近四十年马派艺术的熏陶和学习，我仍然感觉好像才刚刚入门。

马派艺术确实太高深了，有人说自马连良先生过世后就再没马派艺术了。我认为这话有一定的道理，当年马先生所创造出来的艺术风格是带有他强烈个性色彩的，是有其自身气质在其中的，他的风格中带有一些先天与生俱来的东西，并不是人人都能学会的。拿我师父这代人来说，他们见过马先生，亲眼瞻仰过马先生在舞台上的风采，感受过马先生的神韵，所以在学习马派的过程中，通过对马先生艺术直接的感受和认识，运用到自己的舞台实践，然后回头再看老师的演出，以发现自己的缺陷和不足，从而提升自己的表演艺术，这是一个不断反复、不断升华的过程，也是这一辈艺术家们极其宝贵的有利条件。

而我们这代人相当于是再传了，从基因上隔了一层，我们也没能在现场看一次马先生的演出，只能通过录像资料学习马先生的表演，通过老师口传心授，结合一些自己的理解和认识，再根据自身的条件去学习。比如我师父张学津先生身上很出彩，有很独特的地方，我也许并不完全具备，可能会体现不到位，展现不出来，我就需要从自

身的特色出发，发挥自己所长。我的老师跟随马先生学戏亦是如此，在临摹马先生的艺术的同时，也根据自己的优劣，扬长避短。此外，每个人的理解能力、表达能力不同，因此在马派众多的传人中，每个人都各自有着不同的特色。马连良先生潇洒、帅气、飘逸，这是公认的；我师父漂亮、大方、干净，也是大家所承认的；到了我这里，除了憨就是傻，有憨厚，有实在，观众觉得还行，能接受，这也是对我没太破坏马派艺术的一种肯定，还要感谢观众的包容。当然，我对自己也有一些肯定，对京剧事业，对马派艺术，我是尽自己全部的心力的。

传承经典——演绎马先生倾尽心血创造的诸葛亮和乔玄

我在此次纪念青研班二十周年的活动中出演《群英会·借东风》之诸葛亮，《龙凤呈祥》之乔玄。当年马连良先生在这两个角色身上倾注许多心血。在此之前的《群英会》中，诸葛亮并不是戏份很重的人物。直到马连良先生演出此剧，加入很多生动的表演和经典的唱段，如增加了《借东风》一折，把马派的唱腔和表演特色融入人物，创造出脍炙人口的经典唱段，才使得诸葛亮的人物形象更加丰富、饱满起来。再如《龙凤呈祥》一剧，按照以前的传统演法，生行的主角是刘备，乔玄是里子老生应工。而到了马连良先生这里，他又根据自己的风格特色，加入了酣畅淋漓的唱念，生动丰富的表演，将乔玄这一人物塑造得生动自然、有血有肉、深入人心，给这一角色赋予了非常重要的价值和分量。

说得再细点，比如《借东风》里"习天书学兵法犹如反掌"和《龙凤呈祥》中"劝千岁杀字休出口"这两段唱腔，都是马先生设计和创造出来的经典之作，直到今天仍家喻户晓，传唱不衰。正因为是久演不衰的经典唱段，因此更加难以把握。在此我想借用一位老先生曾经说的话来说明其重要性："听你唱的《群英会 借东风》《甘露寺》正不正宗，就能知道

朱 强 访 谈

你学的马派正不正宗，这两出戏是重要的衡量标准。"这种说法也许有些夸张，但不可否认的是，这些唱段的的确确是马派最典型的标志性的唱段。我学唱这两段最大的感触是——实在太难了！我演这些戏的次数也不算少，但我每次演唱完都不是很满意。唱到一点毛病也没有，自己满意观众也满意的，实在太少了。可以说舞台上能把这些唱段唱圆满的概率，一百回也超不过三回，可能观众有掌声回应，但自己心里总是不满意。其中有种种原因，或因唱腔旋律的设计、身段表演的安排，等等。单从唱来说，当年马连良先生在精心设计唱腔的同时，也设置了难题。难在哪儿？比如"劝千岁杀字休出口"一段，转【流水】后几乎没有气口，也没有过门儿了，越到后面唱腔之间衔接越紧凑，必须找好气口偷气，如果一口气没上来，后边的腔根本没法继续唱下去了。《借东风》的唱段由【二黄导板】【流水】【原板】【散板】组成，其特色是唱腔较整，唱段之间非常连贯，一气呵成，越到后面越是高亢激昂，从【原板】开始，层层递进，越唱越高。诸葛亮进入坛台跪拜完起来走圆场，一系列动作表演完气息已不能平复了，而之后的唱腔还要继续往高走，这也是对演员气力的考验。所以这两段唱腔也确是考量马派演员功底的核心唱段。这些年来这两出戏我演得也很多，从原来每次演出时都有很多顾虑和担心，到现在演出不再想太多，就踏踏实实地认真去唱，心态逐渐放平，这是种经历，也是一个成熟、成长的过程。

不尊重规律的发展创新，实则是一种破坏

谈到流派的继承，我认为学习流派的标准就一个字——美。比如有人学得特别像，但就是不美；或者学习某个流派的代表唱段，特点学得很到位，但很不好听；甚至还有一些以夸张为美，这些都是不对的。这不是在学流派，而是在污蔑、糟践流派。再说流派发展。首先，应该把该继承的先继承好，如果你连所学都掌握不好，就去谈发展，你拿什么去发展？如何发展？能发展成什么样？因此从学开始就要有认真的态度，踏踏实实学艺。把老一辈优秀的东西继承、发展下去就很不错了。比如我学的很多马派戏都还没演过，我把从先生那儿学来的东西在舞台上好好呈现出来，这就是一种发展。进一步说，即使要发展自己的特色，也得从京剧的根上走，不能离开我们所学的传统。你可以根据自己的特点缩小、弱化，可以衰减，但不能变形，不能打着

朱强访谈

创新的旗号去变形。创新不等于忽略规律，违背规律。就拿我在研究生班学习为例，马崇仁、张学津、迟金声三位先生是我的导师，现已有两位过世了。迟金声先生已然九十四岁高龄，我经常去拜访他，我演出的所有剧目都会先请先生看，看完之后，先生会指出不合适之处，或是需要改动的地方，每一出戏的方方面面都需要先生把关，得到先生认可后我再去演。这些年我演的戏并不算少，但我还是很感叹，我们所掌握的其实真的太少了。前辈艺术家们独到、优长、精绝之处，我们都还没有继承好，如何谈发展。所以只有先认识到，继承好，不以讹传讹，不在传承的方法和方向上偏离太多，流派应该是这样的传承关系。

此外，艺术还有一个很重要的规律——简。简不等于简陋，能传承下来的东西，能让观众最快接受的东西往往都是简单的、朗朗上口、一听就会的东西。梅派艺术就是以简为美，看似简约，平淡无奇，实则化繁为简，简中包含着深意，极为精妙、高深。一个很怪、很花哨的艺术流派，是很难传下去的。所以要想普及就得简，简单得美，简单得漂亮，简单得好听。

演员的成绩都是从实践中获得的，对京剧艺术的传承要有历史责任感

这么多年来我一直有一个想法：从我们这代人起就很难再有大师出现了。这么说可能有些悲观，但却是事实。作为演员，我对此也非常忧心，同时也在思索为何如此。个人觉得，如今演员的演出机会相较过去前辈艺术家们真是少太多了，这是一个很重要的原因。过去天天看戏，天天演出，大师们就在这样的背景下涌现出来。京剧艺术就是实践的艺术，京剧演员的所有成绩都是从实践中获得的，很多艺术经验是书本中学不来的，演员需要在舞台实践中磨砺。现今活跃在舞台上的演员大多出自青研班，可以说研究生班培养了一大批戏曲事业的中流砥柱，这个平台是人才发展的重要途径，我们通过青研班和《空中剧院》，通过政府的大力宣传，让观众了解戏曲人才成长的过程，让观众看到戏曲人才培养的成果。但苛刻一点说，我不太满意自己的成绩。和前辈艺术家们相比，我们远远达不到他们的艺术水平，京剧艺术发展至今整体水平呈下降趋势，这是我们应该认真思考的。首先表现在演员的能力上，比如演员的创造力、编排能力等，前辈艺术家们不仅自身功底技艺扎实，台上表现力强，而且台下

任何工作都能胜任，比如参与唱腔音乐设计、舞美服装设计、担任导演编剧等。反观当今演员，很多方面的能力都很欠缺，很难达到更高的艺术境界，这是最让人忧心的。其次，现在的演员缺乏正确、积极的艺术观念，缺乏责任感。京剧的传承和发展，需要我们这一代以及下一代人，如果作为传承人却没有承担起这份责任，京剧的未来不会美妙。那么怎样承担这份责任，首要亦是最关键的还是要努力学习，多多积累，全面完善自身。学会三五出戏就想当带头人，这是不可能的。我总强调任何事都能好大喜功，唯独唱戏不行。一个演员不用多说什么，往舞台上一站观众就能看出你有多大分量、多大本事。所以，演员真正的水平和实力，不是凭空讲出来的，而是要在舞台上展现出来的。此外，演员不能急功近利。不管你已

朱强访谈

经是研究生了或者已然有一定名气了，就只顾自己的利益，想尽各种方法扩大名声，尽管这没什么错，但我认为还是应该踏踏实实做好演员的本职工作，把前辈们留下的精妙艺术货真价实地掌握好，再传承下去。所以，我对我们这一代的演员还是有些期待的，希望我们能再认真刻苦一些，再担起一些责任来，能够把握住流派传承和京剧发展的方向。

多学多看多演，不浮躁，不知足——对青年演员的一些期许

我希望年轻演员们多学、多看、多演，只要有机会就要上台。上青研班绝不仅仅是荣誉，是一种压力，更是一种动力。所以只有更加努力才能对得起这一殊荣，不断积累，不断充实自己，让自己的艺术能耐配上研究

生这仨字儿。你别上台一看，就这还研究生呢？这不生研究么？其次，演员要能够对自己有清醒的认识，要踏实，不能浮躁，不能因为上了青研班，演了几出戏，有点小名气，获得了一些成绩就开始飘飘然，这配角不想演，那角色不对口，瞧不起小角色，不想合作，这样对个人艺术成长来说是没有半点益处的。我从年轻时就一直这样想：只要让我上台实践，不管什么角色，我都要演好。演任何角色都能提高自己的舞台驾驭能力，增加

实践经验。没有小角色，只有小演员。任何角色演好了都是戏，都好看。比如《四郎探母》一剧，杨四郎是主角，六郎我也演过很多次；《失空斩》诸葛亮我演过，王平我演过，旗牌我也演过，其他龙套我也都演过；《群英会》这出戏，鲁肃、诸葛亮、甘宁、阚泽，只要是老生行当，我都演过。有什么不能来的？所以我希望青年演员们千万不要看不起跑龙套，如果你一上来就奔着主角去，舞台上很多东西都不知道，只有经历了演龙套、配角的过程，你才更加懂得在舞台上如何与其他演员合作，如何去配合，更加熟悉舞台。此外，演员要永不满足——对自己艺术的不满足，对自己成绩的不满足。我55岁近退休的年纪了，才感觉刚进艺术之门，很多东西都还不懂，不明白，还要不断思索、学习。这是个漫长积累的过程，要不知足才能进步。

京剧创新——要尊重京剧创作规律，保持京剧之味

梅兰芳先生提出过"移步不换形"，创新就应该这样，无论怎样新创，都要保持京剧的味道。这种观念并不保守。我个人其实不是一个保守的演员，我从在沈阳京剧院起就演过《移花梦》等新编戏，后来出演小剧场戏曲《马前泼水》、现代戏《西安事变》等，很多别人没尝试过的剧目我都演过，但创新也要有原则—— 一定还是京剧。要让观众看得出来还是京剧，而非四不像。成功的创新是既新颖，又符合京剧的规律，看着舒服，能被接受。别扭不是创新，而是胡来。我不反对新编戏。京剧要前进，就必须要有新剧目出现，这是时代发展的标识。但毋庸讳言，现在的创作方式、创作方向都有不同程度的偏离。由于体制等各方面的原因，导致演员能力的萎缩，对演员创造力和表现力的要求降低了。比如当年马连良先生所排演的《赵氏孤儿》，王彦任编剧，郑亦清任导演，但实际上真正把控舞台的是马连良先生，他对舞台调度、舞美等舞台前后的一

切事项都十分熟悉，能够把握全局。然而现在的境况不一样了，作曲把曲子写好，把唱腔写好，让演员去唱。这本身就与演员是有冲突的。此外，盲目地求多、求好，求高音，音乐编排求完整，一出戏不论故事情节是否需要，所有唱腔板式都要用上；舞台上只注重华丽的造型，宏伟的场景编排，使用声光电等设备、使用大乐队、话剧导演等，这些都是不符合京剧创作规律的。为什么新编戏发展了这么多年，却一出戏也没留下，没传承下去，自然有其欠缺和需要改进的地方。如果再继续延用这种创作方法和创作体制，继续朝这个方向走下去的话，依然是现在这种状况，谈不上有更好的前景，任何一出戏也流传不下去。反观二十世纪四五十年代的京剧创作，张君秋、马连良、裘盛戎等一批前辈艺术家排演的剧目，比如《状元媒》《铡美案》等，为什么能流传至今长演不衰？当时属于新编戏，如今成了京剧的传统剧目，怎么就能成为传统戏？因为这些戏拿起来就能演，没有障碍，不挑剧场不挑舞台，一桌二椅，简洁方便。再看如今创作的新戏，京剧本体的东西很难看见了，反而去追求一些非京剧之所长，本末倒置的东西。然而京剧的特色恰恰在于虚拟化、程式化。过去老先生创作出的剧目，把光去了也照演不误，还更精彩。什么原因呢？京剧艺术看的就是演员的表演，跟布景、灯光没多大关系；所有的创作以及舞台呈现都是靠演员来实现的。但现在很多新编戏，都会请导演。全国各院团排戏请的都是业内几位知名导演，什么戏都找他们。但这些导演懂戏的不多，真正落实到具体的排练，很多表演包括从上场到下场还需要演员自己设计。这本身就有矛盾存在，这也是现在体制所造成的。但如何才能恢复到老一辈艺术家那样？很难恢复。如今演员没主导权了，没创造的能力了，恶性循环。没有主导权，艺术创造力就会慢慢失去。

另外，演出经费的收支也是个大问题。舞美造型上百万，请编剧、作曲几十万，请导演几十万，而真正承担的最多的，包括所有创作，所有舞台呈现的，其实是演员。导演安排一些场景切换，比如光怎么打，这里暗点儿，那里稍亮些，再加个定点。其实这些跟戏没太大关系。以前老艺术家们没有声光电照样演戏，现在反而导致演员的艺术创造力退化，留不下好的作品。这就是实际情况，也是为演员叫声屈。此外，我认为所有的资源经费都要花在有用之处。比如新编戏的服装道具，现在基本是一戏一服装。有的新编历史戏为了还原历史，要根据历史朝代来统一设计服装的色调和样式，这是精益求精的表现，但戏演过一两次就不再演了，这从某种程度上来说是一种浪费。进一步说，服装其实就是一种色彩，服饰再华丽戏不精彩也枉然。京剧源于生活但高于生活，它不仅是历史的还原，更是艺术的呈现。总之，创造各种形式的京剧，我个人并不反对，甚至还支持。其他部门的各种尝试都不是坏事，但不能成为主流。

应持乐观态度看待京剧市场（观众）

首先，我承认京剧观众老龄化这一事实，因为可能只有到一定的年龄，才能沉下心、坐得住，才能品出味道。但随着传统文化的普及，如今喜欢戏的年轻人也越来越多，不论是此地演出，还是到外地演出，都有很多年轻的观众走进剧场。前段时间小剧场戏曲《审头刺汤》，很多年轻人连看了四场，我很感动。如今京剧票房市场不太景气，这是正常现象。社会不断发展，视听娱乐越来越多元化，期望京剧的将来能像民国时期的境况一样或像八大样板戏时期出现独尊的现象，几乎是不可能了。但现在也有很多戏迷从外地坐飞机或乘火车来看戏，所以也没必要太悲观。可能将来人们生活条件更加殷实，交通更加便利，走进剧场的戏迷也会越来越多。

中国戏曲学院青研班

20
周年
名家访谈

简介

朱强，生于1961年，辽宁沈阳人。国家一级演员，马派老生，梅团主演，北京京剧院梅兰芳京剧团党支部书记，北京京剧院九大头牌之一。1987年拜张学津为师，1988年考入中国戏曲学院，师从尹月樵、迟金声、马崇仁、王世续、李甫春、杨韵青等。他扮相俊逸，嗓音纯正，韵味浓厚。1987年、1991年获全国中青年京剧演员电视大赛荧屏奖，1992年获全国青年京剧团队新剧目会演优秀表演奖，2000年获全国京剧优秀青年演员评比展演一等奖。常演传统戏有《群·借·华》《赵氏孤儿》《龙凤呈祥》《清官册》《打侄上坟》等。

丁晓君访谈

采访撰稿：冯艺佳　齐　鹏

采访背景

　　轻轻一笑，温文尔雅——印象中晓君老师对每个人都是这个样子。第一次让我油然而生的感动是在中国共产党成立九十五周年音乐会排练场上，仅有晓君老师一人在一步一步地找出场感觉，我脑海里立刻显现出两个字：敬业。台下伙伴说："京剧演员，唱得真棒，我最喜欢她唱的歌，很有感情！"一个有情怀的人，是时刻严格要求自己的。正如晓君老师在采访中提到："演戏没有动'情'便没有一切。以情动人，首先感动自己，深入灵魂深处。"作为军人又是京剧演员的晓君老师，比其他人多了一份坚韧。刚中柔外，尽善尽美！

　　问：正值青研班二十周年，最初进入青研班学习的时候，您是怀着一份怎样的心情呢？

　　那是2009年的秋天，回忆起踏进校园大门那一刻，至今仍然记忆犹

新，当时感觉自己又获得了新生。我从小就喜欢且向往校园生活，1998年毕业后，在剧团经过近十年磨炼后，能够作为第五届青年京剧演员研究生

班成员，重新回到校园，回到国戏深造，真是我梦寐已久的愿望。当时心底按捺不住的一种幸福油然而生。我就在想，到底怎样珍惜这三年的学习时光？用什么样的状态来完成这三年的学业？怎样才能通过这三年的学习让自己在戏曲表演艺术上能有更大的提升？这些想法在无形中给了自己很大的压力。因为我很清楚我们第五届青研班同学并不像前几届师哥师姐们，他们的人生阅历和舞台经验都要丰富许多。

我们同班大多都是80后新一代的京剧演员，但是我知道领导、专家老师还有热心的观众们更希望看到一个日渐成熟的京剧演员。在这样的多重压力之下，我决心一定要潜心学习，珍惜时光，加快步伐，付出更多时间和汗水去争取时间。

当时我的恩师杜近芳先生给了我很大的支持。先生曾说，京剧是博大精深的艺术，要想传承它，就要全面地传承，要博采众长。我记得很清楚，当时师父亲自提笔为我制订学习计划，这让我非常感动。她不仅告诉我要学习《十三妹》《思凡》《游园惊梦》《木兰从军》等几出戏，还告诉我学这几出戏跟哪位老师求教，学习的目的是什么。

小电灯／丁晓君 摄

问：进入青研班之后，打磨的哪一出戏，给您留下的印象最为深刻？

在青研班学习最难忘的就是和谢锐青老师学习的第一出戏《木兰从军》，在课堂上谢老师从开始念白到唱腔，一字字、一句句口传心授，到出场台步、身段动作都是亲身示范。学完《木兰》紧接着又是一出《十三妹》，这出戏也是谢老师亲授的。记得天气特别热，那时谢老师已经年近八旬，课堂上常常因为动作不过关，反复纠正示范，多少次都是汗流浃背。每次我都心疼地把她搀扶坐下，她总是从兜里掏出手帕擦汗，然后说："没关系，没关系，歇会儿就好了！"记得那时候，早上6点钟接谢老师，8点钟准时开始上课，因为她珍惜每一分钟授课时间。她常说："时间太宝贵了，我现在就是祖师爷传道，把知道的都快

点儿传下去。"还有教我戏的李金鸿老师、沈世华老师，沈健瑾老师，他们对艺术极其认真负责的精神时刻感染着我、感动着我，我想我们不仅仅要学习前辈艺术家的技艺，更重要的是要学习这种精神，有了这种精神才能更好地传承我们的民族艺术。

问：在中国共产党成立九十五周年音乐会上，从彩排到演出，您唱的《天下乡亲》赢得了阵阵掌声，值得注意的是您从出场就用戏曲的表演来规范，您在表演上又是怎样来要求自己的呢？

京剧这门古老艺术博大精深，想成为一名合格的京剧演员，就必须对京剧理论体系和程式规范有一个深刻和准确的理解和把握，而且要能做到与其他艺术门类的融会贯通。在研究生班三年的学习时光里，我们不仅有机会向前辈艺术家们潜心学习，同时也进一步学习、了解了其他艺术门类，让我们开阔视野，增长知识，提高鉴赏。比

丁晓君访谈

如京剧和西方的歌剧就有很多相似和不同之处。不论从艺术形式还是舞台表演，都有很多非常有趣的课题可以探讨，例如：歌剧的演唱主要是大调、小调，与我们京剧的演唱"西皮、二黄"就有很多相似之处……我今天的一点点成就与在研究生班的系统学习是分不开的。

特别是我在参加今年庆祝中国共产党建党九十五周年的音乐会上，为党和国家领导人演唱《天下乡亲》的时候，感触很深。在如此重要的时刻，整台晚会上有很多著名的歌手，唯独我是一位京剧演员。这个作品当时受到了在场所有观众的阵阵掌声。这要得益于我从小学习的京剧艺术，让我拥有声情并茂、深入灵魂深处的表演形式和极富感染力声音，才能使这首歌曲在演唱上得到成功。

我认为，京剧艺术这种艺术表现形式与其他艺术的区别在于，京剧可以在最短的时间内，最集中地表现出中华民族最美妙的情感。而且比其他艺术形式更直接、更深刻、更全面。

大家都知道，京剧是"角儿"的艺术，舞台上每一个京剧演员都是"十八般武艺样样精通"，

是真功夫。从学苗挑选开始，就要求京剧演员不仅要具备歌唱家的嗓音、舞蹈家的身姿，还要有表演家的丰富情感和超常人的悟性。在这个基础上需要经历六年到八年严格的专业技能学习实践后，才能登台成为一名京剧演员。急记得第一次喊嗓子竟找不到小嗓，急得直哭鼻子；还有毯子功课第一次"扳腰"和形体课第一次"撕腿"那种撕心裂肺的痛；第一次翻过一个键子小翻满眼冒金星的莫名其妙；永远忘不了自己第一次翻下了两张桌后惊心动魄的刺激；还有第一次彩排汇报《二进宫》，演出后看着后

台镜中的"李艳妃"一直傻笑的自己；这一幕幕如今仍历历在目，看似痛苦的经历却磨炼着一个京剧人的坚韧意志。

问：您这次是以《白蛇传》作为自己的汇报剧目，您只出演《断桥》一折，您是如何塑造白娘子这个人物形象的？

很荣幸参加青研班二十周年的展演，我出演《断桥》这一折，已经毕业四年了，经过这四年的舞台实践，我对这一折戏有了新的理解。关于白蛇传"断桥"一折戏，我是着重在"情"字上下功夫，唱、念、做、舞都要有情，就像演唱"天下乡亲"首先感动自己，才能感动观众。记得师父曾对我说，演戏没有动"情"便没有一切。特别是白素贞，她对许仙的"怨"，对法海的"愤"，是她的心路历程，情感变迁。所以作为演员我

一定要深入角色，才能够让观众看到一个至情至真的白素贞。

问：您作为一名军人，同时又是一位著名的戏曲演员，拥有特殊身份的您如何来看待戏曲的传承与发展？

非常荣幸我既是一名京剧演员，又是一名军人。我是在传承着中国古老的，博大精深的艺术，它赋予我传统文化的滋养。而绿色军营给予我更多的是一种坚韧，一种"不抛弃、不放弃"的精神。这让我在京剧传承发展的路上受益良多。

特别是现代京剧《红色娘子军》的成功复排，由于在部队的长期训练，舞台上表现的红军女战士吴清华更多地融入了军人英姿飒爽和坚毅勇敢的气质，受到业内外专家、同行的一致好评。另外，为部队官兵服务演

出的过程里，常常面对90后、00后的年轻人，我常常会思考：如何才能让他们喜欢上京剧？这给我在创新方面提供了机会，我曾创作反映部队生活题材的京剧小戏，如《抢水》《零点饺子》等，都是非常成功的创作经历，战友们也特别喜欢看。

我非常感恩部队这么多年对我的培养，在部队的文工团里能够接触不同艺术门类，相互之间可以在不断交流中学习很多，不仅为创作提供了非常良好的环境，更有利于激发演员的创造能

力。最近湖南卫视正在热播由战友文工团电视艺术中心出品的三十四集史诗级巨制电视剧《红星照耀中国》，这部电视剧为向中国工农红军长征胜利八十周年献礼，我第一次尝试电视剧拍摄，在剧中扮演"小电灯"。我想艺术是表达情感的，无论你是融入什么样的艺术形式展现，只要你能够让观众产生共鸣，这就是成功的作品。我们的艺术不是生活的奢侈品，不是消遣，更不是单纯娱乐。它是我们人类生存和生命的基本需要，它让我们生命变得有意义。对于它的创作和欣赏是人和动物的根本区别。常规语言穷尽之处，恰恰是艺术语言开启的地方；常规文字无法触及之处，恰恰是艺术声音表达了我们内心深处的那份情感。

问：在戏曲这条道路上，您未来有什么规划和打算？对下一届青研班的师弟师妹，您有什么希望？

大家可能知道，我现在正在进行电影《谢瑶环》的拍摄工作。这是在老领导亲自领导下的一个工程，要把十部最具代表性的京剧经典作品拍成电影，留给后人。另外，前段时间在长安演出了一场，获得了极大的成功，很多专家老师看完演出评价说："这是近几年京剧舞台上最具盛况的呈现。"为了这部戏的拍摄，在大戏小组的领导下，恩师杜近芳先生和叶少兰老师带领我们花了两个多月的时间进行剧本整理、创新、排练等，通过这个漫长的过程，我对京剧艺术的传承和创新有了一些体会和理解。我认为对京剧艺术的传承一定要从两个方面来说：一个是"传"，另一个是"承"。"传"主要是对京剧艺术的准确传授，把前辈创造的国粹艺术要准确无误地继承下来；另外"承"一定要有所创新，有所突破。感恩青研班的三年学习时光，感恩各位老师的教导，我依然会一步一步地、踏踏实实地坚持走下去。至于有什么远大的目标，我不敢讲，但是希望能够多传承老师的经典作品。如果有好的题材、好的剧本，我希望能够创造出让更多年轻观众接受和喜爱的舞台作品，在继承的基础上努力创新。

对下一届的师弟师妹，希望他们能够像海绵一样，抓紧一切时间，忘情地吸取养分充实自己。因为时间是非常宝贵的，衷心地祝愿他们学业有成，能够取得更加长足的进步。

简介

丁晓君，现役军人。战友文工团演员。工青衣，著名京剧表演艺术家杜近芳的入室弟子。1998年9月毕业于辽宁省艺术学校；2003年6月毕业于解放军艺术学院文学系。2012年毕业于中国戏曲学院第五届优秀青年京剧演员研究生班。先后受教于李国粹、李蓉芳、姜凤山、阎世善、李金鸿、谢锐青、沈健瑾、沈世华老师。第六届CCTV全国青京赛青衣组榜首（第一名）、金奖得主。

方旭访谈

采访撰稿：卢路路

采访背景

9月27日的下午，我们有幸在北京京剧院见到了优秀的青年花脸演员方旭，忙于排练的方旭在练功房接受了我们的专访。他为人亲切健谈，性格爽朗豪放，在专访中他提出了很多值得我们戏曲人深思的问题。我们现将其整理成稿以飨读者，详见下文。

问：您从十岁开始正式开始学习裘派，您是怎么认识和理解裘派表演的？

说到对裘派的认识和理解，我想到之前参加的一个票友大赛，我过去做评委。大家表演都很认真卖力，每个人的水平都是不一样的，有好有坏。我通过这么多年学习裘派之后，现在反过来让我来看别人表演，不管他们是专业的还是业余的，我觉得在表演的过程当中，很多人都忽略了很重要的一点，比如说"包龙图打坐在开封府，尊一声驸马爷细听端底"这

句唱中，虽然每个人都会这个唱腔，并且能够在台上很好地传达，但是实际上，真正地蕴含在这个戏词里的含义，他可能并不知道。我们在唱戏的时候，其实不只是简单地将这句词唱出来，唱戏是和说话一样的，是在表达一个故事，表达一种含义。很多人只是单方面地注重唱，没有去深刻地体会人物的内心情感等各个方面。这样唱出来的戏是没有感情的。以及在表演上，很多人不能做到客观地去表演，当然京剧是需要程式的，它海纳百川借鉴了各家之长，吸收了很多剧种的表演形式和手段，来丰富自己和创造人物，但这不代表我们可以只表现程式而忽略人物。

我学裘派这些年最大的感触，首先，它唱的是"情"，不是"声腔"，声腔也是很重要的，包括发声，以及对声腔的处理技巧之类的。但是最重要的是"以情带声""声情并茂"。其次，裘派在表演和塑造人物的时候，是用心来演的。比如裘盛戎先生的每一出戏，他演得都不空洞，比如老先生在《杜鹃山》中塑造的一个成功的艺术形象——乌豆。就在前天，我还听我们北京京剧院的一个七十多岁的老先生说，他在年轻的时候，有幸在京剧院陪裘先生走过最后一段时光，他说那时候裘先生每处理一个腔，处理一个身段表演，他都不是为了表演而表演，而是为了剧中人物此时此刻的内心和剧情发展的需要，要去考虑这个地方需要用一个什么腔去体现，是非常认真严谨的，先生是充分了解人物内心的。我这些年学习裘派，特别是近几年来，在真正用心体会塑造人物形象的时候，才和前辈们产生了内心的沟通，揣摩到一点儿他们当时为什么这样写，为什么用这个腔，让我对人物有了进一步的了解和感悟，但是我觉得仅仅触及到一些皮毛。

不，这不是谦虚，我们现在学戏肯定不如原来的人，我们现在社会进步了，有了很多先进的设备，学戏非常方便，比如录音笔、录音机、电脑、iPad、U盘、CD，等等各种。过去学东西为什么都非常严谨扎实，因为在过去，比如说你家里条件好有一个留声机，去请一个老先生来家里给你说戏，但是不可能被录音的，因为这个东西要完全地去靠你的脑子记忆，你认真地去记，才能学扎实，根深蒂固地留在你的脑子里。到了现在我们学戏，比如说我今天忘了，那我回家，打开视频再看一遍，我就又想起来了，但是可能就是因为得来的容易，就不会像过去一样努力地去做。

我们现在的科技和智慧等方面有可能超过古人，但是对于钻研和对一件事情的态度来说，可能就不如他们了。

问： 网上有您七岁时候的一段唱《赤桑镇》的视频，说是献给您亲爱的爷爷，特别的可爱，您小的时候就对京剧有很深的兴趣吗？

因为小时候，家里有这样的一个氛围。但是小孩子看戏可能是看这个绚丽的舞台，红红绿绿的很吸引人，如果真正地让你去一板一眼，一招一式地去学，小孩子一般都做不到的。我爷爷故去得早，我走入这一行，很大一部分原因是我奶奶和我父辈对我的一种期望。"文革"时期，我爷爷被打成了"牛鬼蛇神"，属于"黑五类"，到我父辈他们那时候，是不敢也不能再去从事这行，再加上我爷爷去世较早，所以他们将没有完成的愿望，寄托在了我身上。京剧从改革开放以后，象征性地虚假繁荣了十年，到了二十世纪八十年代末九十年代初，就又没落了，就在这个时间点上，我家人把我送去学戏了。

问： 上面您说到"文革"之后京剧出现的没落一直到现在，那请问您怎么看待京剧的发展现状呢？

我之前和我们院长李恩杰曾经探讨过一个问题：人这一生，从光着屁股出生，到幼年、少年、青年、中年、中老年、老年、晚年到最终，都有死去的一天。一个艺术形式，如果长时间地脱离时代跟时代不接轨，那就只剩没落和死亡了。与其等待死亡，我倒认为，京剧不如作为一个非物质文化遗产进入博物馆。像现在这样，大浪淘沙地在市场上滚，第一，伤的是从业人的心；第二，伤的是仅有的这些戏迷的心；第三，是对戏曲艺术的不负责。我之前问一个刚来我们单位工作的小孩，他不是学这行的。我说，你平时看戏吗？喜欢看什么戏呀？他说，偶尔看，看武戏比较多，文戏看不懂。我说，文戏不是有字幕吗？他挺不好意思地说，是啊，一句话那么久，坐不住啊。我就问，那你看武戏怎么样啊？他说，我觉得挺热闹的，就

是你们打得特别假。你看，作为一个普通观众对我们的是这样的反应，那就说明，我们有问题，我们的表演没有吸引住他的眼球。如果你非常精彩的话，我相信肯定不会这样的。虽然每个人的审美都会有区别，但是好的东西肯定是大家都觉得好的。

就像样板戏《智取威虎山》，在那个时代，大家都很喜欢，认为是非常经典的。所以有些问题，真的非常值得我们去认真思考，努力去想对策的。

问：那您如何看待现在京剧发展的一些趋势，比如新编戏、实验性戏曲、小剧场戏曲之类的形式？

未尝不可，但是我觉得实验的步骤和实验的过程已经持续了很长的时间了，实验结果证明，这些年的尝试并没有取得突破性的进步。前几天我们外出巡演，白天有时间我看电视，看到电影《智取威虎山》。说实话，抛开我京剧人的身份，如果放在我面前，革命样板戏《智取威虎山》和徐克电影《智取威虎山》让我选，我肯定看徐克的，因为他在色彩画面剧情等各方面，都很精彩。样板戏这个，虽然在当时那个时期已经非常精彩了，不管是演员阵容、画面制作、唱腔设计、武打动作等各方面已经非常

顶尖了。但是在这个时期，年轻人来看这个，根本坐不住。我觉得现在，我们都忽略了一个问题，没有人来探讨没有人来解决，京剧应该怎么改革，怎么发展。当然是有很大的难度的问题，毕竟两百年的东西流传下来，众口难调。一些老的唱腔如果改了，一些老观众就不乐意了，让年轻观众走进剧场看戏，可能有些人认为是老艺术家的演出，但是并不是所有人都这样认为的。所以这个东西吸引不了人们的眼球，而且最重要的一点所

有戏曲人都忽略的一点，这个时代是要数据化的时代。你不能一味追求传统的，喊着我们是国粹，这些没有意义。那为什么现在电视上播放的都是《欢乐喜剧人》《非诚勿扰》什么之类的做得并不是很好的节目，但是还是很火，因为有一批观众就喜欢看这个。你说京剧是国粹，是最优秀的、最传统的、最代表中国文化等等的，但是作为观众，我可以不看呀。在这个数据化的时代，我们一点优势也没有，京剧仍旧停留在前几十年甚至前一百年的那个状态里没有走出来。

湖南卫视新开了一档节目叫《京剧》，我觉得像湖南卫视，浙江卫视等这些大的卫视可能代表的是中国电视媒体的先锋，他们做的一些节目直接引导着中国观众的审美素养和文化修养，说不好听了，你说那些跑男、花样男团等有什么文化内涵呢？但是收视率就是高，谁来也不能说不行，他带来巨大的经济效益。但是我们戏曲的收视率并不可观，说什么都无济于事。就算国家再扶持你、帮助你，也只是杯水车薪。这次我出去巡演，感触最深的是各地都保留着剧团，但实际上，剧团已经散了，当地的观众群也不行了。如果是二十世纪九十年代末那会儿，走到一些二三线城市，当地那个观众群的氛围还是比较浓烈的，因为有50后和60后这七八亿人支撑着，毕竟那代人还有一个样板戏情结在。所以这些年我明显感觉不如从前。现在看戏的年轻人很少，你到剧场去看，黑头发的人很少，太少了！

我小时候的梦想是成为一名解放军战士，因为我比较好动。到后来我进入这一行，我的梦想是成为像我爷爷一样的京剧人。后来，长大了进了京剧院，我发现理想和现实还是有很大的差距的，也可能是因为我最初进入这一行得了一点点小的荣誉，但是离我想象的还是有天壤之别的。可能是因为我小时候见证了我爷爷演出的盛况，虽然我小但是我还是有印象的，大家对京剧的热爱程度，如饥似渴，让人震撼。在现在这个时代这些已经没有了。包括火丁老师，她这个现象在戏曲界其实已经算是奇迹了，可是她每年演出的场次是有限的。不像原来不管是方荣翔、李世济、谭元寿、马长礼等，在马谭张裘后的这代人，基本上每个人都支撑了一个地域或者是一个剧团的几十口人的生活的。现在的这种不管是火爆或是什么现象也好，是不足以证明京剧真正的辉煌的。我现在在等待一个好的剧本，之所以这么多年只出了一个《曹操与杨修》，这和剧本有很大关系，剧本是一剧之本，现在很多胡乱拼凑的东西怎么能行。尚长荣先生为什么能够成功？尚先生五十多岁的时候在陕西还是默默无闻的呢，当他拿到这个剧本的时候，就不一样了。作为一个演员，演传统戏，我是很难超越我师父的，因为他是这样一场一场、上午下午几十年这样积累出来的。裘盛戎排出《姚期》，最后搬到舞台上成为经典之作。后来人如果不具备这样的条件和机会，是很难取得成功的。尚先生的曹操是有突破的，他不是演的他尚长荣自己，也不是同于他的老师侯喜瑞，他把曹操这个人物用戏曲的手段展现在舞台上，是不同于往常戏曲中的曹操的，也是不同于电影电视剧中的曹操的，所以尚先生成功了。这个戏不得不说，剧本是占了百分之七八十的功劳的。现在很多时候，演出的新戏，舞美道具等方面花费巨大，演出两三次之后，入库了，再到后来可能找都找不到了，这对于京剧的传承和发展有什么意义呢？

但这里还有一个问题就是《曹操与杨修》这个戏，是量身为尚先生打造的，要说传承，传承不了。不管是从形象、气质、唱腔念白、表演上都是完全符合尚长荣先生的条件的。要我来演，可能就真的演不了。新编戏很难找到一个可以突破的点，很难传承下去。我有时候感觉到很焦虑，因为不知道该怎么办，我热爱的京剧艺术，发展岌岌可危，我们该如何找到新的突破口呢？

问：那您认为造成京剧发展现状的根本的问题是什么呢？

根本的问题，我认为京剧和时代相隔太远。现在的年轻人生存压力非常大，你看上座率最高的地方是医院，为什么呢？不说什么重大疾病，就一些小毛病头疼脑热的，这些病太多了。为什么会这样，很大一部分是因为压力大。如果你每天心情舒畅，吃得好睡得香，空气环境好，你是不容易得这些毛病的。正是因为浮躁，紊乱，心里事特多，一个接一个，你说能生活得好么，医院人满为患，剧场一个人也没有。医院是看病的，剧场呢，剧场讲的是仁义礼智信，是人性的东西。我们身体还不舒服呢，谁有时间和心情去关注那些呢！

"仓廪实而知礼节，衣食足而知荣辱"，中国现在走到一个岔路口，我们把中国本土传统的东西丢了，西方的东西学来吧，但是又没有能够很好地贴上。中国的年轻人要生存，谁会去真的在乎戏文中这些东西。现代社会的生存压力以及社会观念的急骤变化，导致京剧所表达的这些传统的文化，年轻人不爱看也不想看，他忙了一天了，没事了还不如去听个相声，乐乐呵呵地过去了。我们都知道这些问题，但是我们谁都没有能够找到更好的突破点，怎么在不伤害京剧的情况下，让现代人接受我们。

简介

方旭，1984年生，京剧演员，工花脸，宗裘派，著名京剧表演艺术家方荣翔嫡孙。毕业于中国戏曲学院，师从杨博森、舒桐学铜锤花脸。现为北京京剧院一团演员，在此期间又得马名骏、张关正等名家指点，技艺大进。方旭的嗓音洪亮高亢、气力充沛、行腔委婉细腻、韵味醇厚，颇具方荣翔之神韵，是一位深受观众喜爱的青年花脸演员。

方 旭 访 谈

奚中路访谈

采访撰稿：李源远　张昆昆

采访背景

　　小编没来北京前一直混于上海，对在沪的京剧演员相对比较了解。上海京剧院有很多优秀的演员，但要说最可敬的，奚中路算是一位。他对京剧艺术怀有一颗无比虔诚的心。在日复一日的寂寞与等待中坚持着，并坚守下来，这就是一个戏曲演员对舞台的执着。无论是寒风凛冽的数九，还是闷热潮湿的伏天，他从未间断过练功。他的艺术追求一种气度，一种摄人心魄的征服，体现出稳、准、狠的特点。而这又是台下持之以恒苦练的结果，台上的一招一式，每一个技巧，台下要练十遍、百遍甚至上千遍。"学到知羞处，方知艺术精"，戏曲也好，艺术也好，我们最应该呼唤的，就是这样一种"知羞"的精神吧。

一

　　10月6日上午9点北京京剧院排练厅开始响排《战宛城》，小编提前半

小时到达现场，过了一会儿就见到了奚中路。我已做好"单刀直入"的准备，火速上前邀他采访，他没有拒绝，只是脸上带着戏眨了眨眼："等我响排完好吗？"小编长舒一口气。之前有所耳闻他并不喜欢被宣传，也不爱抛头露面，约他采访很多时候他都会客客气气地回个软钉子。然而真正面对面聊起来的时候，才发现他颇为健谈。起先谈及自己的从艺经历，他显得认真、一丝不苟，甚至有些拘谨。当话题转到京剧本身，他的神情、语气，乃至整个人的状态，都随之猛地松弛并活泛了起来。

你听余叔岩先生的《打侄上坟》"老来无子甚悲惨"那段（微眯起眼睛哼了起来，让人可以感觉到其中的神韵），他（余叔岩）不是用哭腔来唱，这段唱首先是要好听；其次再品他表现出的那种心境，反映了主人公的惨状。这样，唱腔就成为情感的一种传递，这才是京戏。

出身梨园世家，祖父是京剧四大须生之一奚啸伯先生。父母亲也都是京剧演员——父亲奚延宏专攻架子花脸，母亲杨玉娟唱青衣。他有这样的家学渊源，很自然就走上了京剧艺术之路。但终以武生名世，却正如他自

己所说，是"阴差阳错"，抑或是冥冥之中命运的安排。

在我很小的时候就会一些唱段，进入戏校后也跟爷爷学过一些演唱技巧，后来恢复传统戏学过一些文戏。当然也想学老生，但由于生理上的变化，倒仓（变声）了，没条件、没办法再继续唱文戏，就努力练功改学武生了。以前爷爷总跟我说，那些前辈名角，比如谭鑫培先生四十岁之前都唱武生戏，再如余叔岩先生，年轻时也唱过很多武戏。对于我来说，先走武生这条路也很有益处。进一步说，老生也应当有武戏的底子，反之，作为武生来说，好好学一些文戏对自己也是很有帮助的。没有文戏基础，武戏也是演不好的。

我开始是学爷爷，唱奚派。后来厉慧良先生指点了我，说你应该先学余派，余派的基础打好了，学奚一拐就拐过去了。他告诉我说："就像学武生，如果一上来你就先学盖派，杨派你就来不了了。你先学杨派，得了规范，再学盖派，你就能拐过去。学戏就应该学共性的东西，个性的东西不用教，慢慢积累后你自己再去琢磨。"

奚中路这个名字是他爷爷给起的，寄寓着老人家对晚辈的教诲和期盼——无论是人生道路还是艺术之路，都要不偏不倚，走中正之道。

当年爷爷在病榻前经常给我说戏，并教授我吐字行腔的方法。我学过老生，后来正式改学武生。当时学校离家很近，我告诉爷爷自己被安排上了彩排，爷爷听后非常兴奋，嘱咐我说："你扮好戏到这儿来一下，让我看看。"谁知不久后，爷爷便离开了人世，没能看到我的扮相。

爷爷在世时总是告诫我说："搞艺术来不得半点虚假和取巧，要老老实实下功夫去学、去练。"我的老师茹元俊先生也跟我说过："唱武生的就没有资格两条腿站着。只要站在那儿，就得耗着腿。"我把这些话牢牢记在心上，努力养成练功的习惯，每天都要练，不练浑身就不自在。

二

圈内外喜爱奚中路的人都把他称作"大王"。大王是一个说话、做事都很直率的人，也有人说他是怪人，何出此言？我也不知。在整个京剧圈里，小编只算是个惘闻的脑残粉儿。与奚中路接触的机会不多，但作为他的戏迷，身边也有很多同学崇拜他，自然而然听到过很多关于他的故事。可能不少人都有所耳闻他非常认真刻苦，是个名副其实的戏痴。坊间也流传过很多关于他用功的故事，譬如三更半夜起来对着镜子勾画脸谱。这话是否演义，暂且不提，小编只说自己的一次亲身经历。某次在国家大剧院看奚中路演出，散戏后看见他卸完妆走出来。如往常一样，他身着黑色外套并把帽子压得很低，准备过马路。我有意在他身后停住观察。只见他在等红绿灯时就一直在比画动作，云手、顺风旗……一遍遍重复做，一遍遍调整，直到绿灯变了好一会儿他才反应过来。

我不是什么"大王"，千万别当真啊，他们那是调侃我呢，我离谭大王还远着呢。我们今天有饭吃而且吃得还不错，条件越来越好，然而说起来很惭愧，敬业、努力的程度却越来越不够，跟前人比差太多了。我呢是用功的，条件是不好的，老师是不少的，学得是挺多的，但那个时期是没给我那么多机会的。

一个偶然的机会，我经人介绍结识了温州五星京剧团的班主胡柳昌。说得直率些，这个"京剧团"其实就是一个民间的草台班子，但我并不认为搭草台班就是坏事，相反我觉得这是一个好机会。而且我们院的领导支持，只要不耽误院里的事儿，基本不干涉。那会儿我一年到头也没什么事儿。别人忙这个戏忙那个戏，都没我什么事儿，我就去了。从1996年开始，我每年至少两个月扎在温州，开始也受不了，第一是苦，第二是水平参差不齐，后来渐渐地我和大家都互相熟悉了，之后的合作就顺利多了。那时天天唱，一天两出戏，不管你有劲儿没劲儿，感冒发烧，还是打着点滴，都要照常演。就拿勾脸来说，天天勾就是不一样。我把这段经历视为自己在艺术道路上至关重要的磨炼。

我其实也是听了厉慧良先生一句话。厉先生说："小子，你要想成，就得想办法多唱。"我问上哪儿去唱呢？他说："自己唱啊！你们团几点上班啊？"我说大概9点吧。他说："你7点去！跑步！扎上！自己唱两出。这样时间长了，自然就会领悟更多东西，那是教都教不出来的。"

据知情人透露，奚中路每天坚持练功直到衣服湿透，风雨无阻。每逢演勾脸的人物，比如《铁笼山》之姜维，《战宛城》之典韦，《艳阳楼》之高登，《状元印》之常遇春，他总要提前反复练习勾画，直到传出人物之神，让自己满意为止。此外，由于京剧剧目中红生戏本不多，会演、能演的人更是在少数。他为了学好、演好、继承好红生戏，特地拜师京剧名家李玉声，希望得到李玉声先生的真传。他沉浸在自己的艺术世界里，每时每刻琢磨的都是戏。

我是个演员，要唱戏，要唱好戏就得坚持练功，多多演出。但是现在演出机会太少了，一演就得好，这是比较难的，毕竟谁都不是神仙。过去的前辈名角儿天天唱戏，今天演得差点，明天就好了，后天再改点，逐步地要有一个过程，现在条件不允许了，这个过程省略了，出来就得对，就得好，相对来说就更难了。

艺无止境。"三形，六劲，八心，无意者十"，这十个字应是我们戏曲演员念念于心的真言。你的身段，唱念做打，总之你的形对了，够三成。你的劲头够了——比方我们说小生紧、旦角松、花脸撑、老生弓、武生在当中，武生在花脸与老生之间的这个尺度怎么把握？再比如小生戏，《探庄》那是一种劲头，你到了《铁笼山》又是一种劲头；同是勾脸戏，姜维和典韦又有区别——把这个劲儿掌握好了，把你所扮演的行当的特点抓住了，够六成。等你有了心境了，你的唱念做打都是从心里发出来的，这个就够八成了。"无意者十"，所谓随心所欲不逾矩，怎么演怎么好。为什么有"活赵云""活武松""活曹操""活鲁肃"呢？他就是太像这个人物了。其实谁见过武松呢？可大家就是觉得盖叫天他像武松。尽管他七十岁了，可上台一比画，真好！所以，你说艺术有头吗？我看还是有头，只是达到的人太少太少了——能到八成的，有心境，就已经太少太少了。

三

　　奚中路最敬佩的人有两位，一位是他的恩师厉慧良先生，另一位是
江南活武松——盖叫天。因为他们对艺术都太投入、太执着，他们愿意为
艺术与命运搏斗、抗争。这种精神气质和个性，奚中路深为敬服并深受
感染。

大家都知晓盖叫天先生的故事，受伤腿断了没接好，自己撅了，再接。这多大的毅力啊！疼死了！人家受那么大的罪，为什么？心中的艺术。天天月月就这么磨，就这么练，一直到六十多岁还在练。这大家都知道。我觉得他真正的"好"恐怕是在七十多岁。可能是弄不太动了，那些纯粹的技巧、折腾的东西不如年轻的时候，但是他一举一动中的那种神韵、气场，更强大了。所以我们说传统艺术它是晚熟，是必须努力到那个年龄段，才出得来那个东西。

再比如厉慧良先生，"文革"十五年监狱，他每天晚上喝八碗水，就是为了起夜。起夜一看没人，他就练功。练一会儿功回去再躺下睡，睡到后半夜又起来。他说我一个武生，老坐着怎么成，就主动要求干体力活儿。锄煤、扛包，他把这些动作也都戏曲化了。人家一看，呀，你这怎么跟唱戏似的！他说我这是职业习惯。即使在监狱里，没戏唱的时候，都是这么一种状态，真是太了不起了。

过去我要搭一个戏班儿，它指不定贴什么戏，我必须要会那么多戏才行，不然我怎么吃饭、怎么生存呢？可如今的境况不一样了，青年演员学校毕业会了三四出戏，到了团里再学三四出，就混了大半生了。在团里吃公家饭，你好了也不给你多加钱，你不努力，也少不了你的，结果把人给养娇了，养懒了，养得有理了，最后是养废了。

盖叫天先生说过："武戏是人的艺术，得脱胎换骨，把整个人都磨成艺术。"奚中路尤其喜欢这番话。在整个采访中，他反反复复地提及了这个"磨"字——如果要给他的戏剧人生找一个题眼，恐怕也正是这个"磨"字。

一个戏曲演员，从小练功学戏，老师怎么教怎么来，是一个漫长的过程。随着年龄增长，悟性提高，在表演方面，有别于小时候。人都是这样，到了一定年龄，体力好的时候悟性不行，悟性好了，体力不如以前了。但是坚持练会有很多好处，能多演几年。艺术是晚熟产品，武生更是这样。形体动作、唱念做打都是功夫，真的是要常年磨炼。如果你到四五十岁就休息了，那怎么磨呢？前辈盖叫天先生练到七八十岁，他能不成吗？

纯粹的跌打翻扑，一定是年轻的，"老不讲筋骨为能"啊。年纪大了，有些技巧确实就不行了，打个飞脚都费劲。但比如说功架这些，哪怕是一出一站，一个圆场，一抬手一投足，其中的劲头可能还得到了一定年龄才有。就跟书法一样，到了一定的年龄，有了一定的功力，才能出得来那个气场、那种分量、出得来那个"绒"。所以作为武生来说，我觉得我现在还算是黄金年龄。

再举个例子，李维康老师演的《坐宫》，我印象太深刻了。"猜一猜驸马爷腹内机关"，真是好啊！你从她的眼睛里就能感觉到这里（他指了指自己的心口）的劲儿。那会儿她都已经六十出头了，出这个劲儿，达到这种程度。我们这一行，是一生磨炼，它是晚熟。真正达到"心境"，得什么年龄啊？年轻，你能理解，但你未必都表现得出来。所以说演戏难，难在哪儿？就难在这儿。

所以说不论唱文戏武戏，归根结底还是人生阅历和舞台阅历的磨炼。有一句话怎么说呢，百练不如一演。比如大家对一个演员的评价是，演出不如响排，响排不如排戏，排戏不如说戏。意思是他说戏时最出色，演出时却最不好。什么原因呢？就是台上缺少锻炼。表演艺术终究是要到台上表现的，你得穿上、抹上、扮上，到台上去找那个感觉，把你想表现的东西在台上给淋漓尽致地表现出来。如果一个人上台太少，对于这些东西，你有认识，甚至能说出来，但你未必能表现出来。所以作为一个演员，难就难在表现。这个需要时间。

四

欧阳中石先生曾经回忆道："在中路很小的时候，他的祖父奚啸伯先生曾把我叫到他病榻前嘱托我说：'我赐给你一个徒弟。'我问是谁，奚先生说：'中路。如果他不是才，你也用不着管了，但是我看这孩子很有希望，我看着是个才，所以我请你来培养他，义戏、武戏你都要管，你要把他的全部责任都负起来。'我觉得，像托孤啊。我接受了师父的嘱托，我会尽我的全力来做这件事情。所以从他很小的时候一步步的成长过程中，我都尽了我最大的可能去帮助他。中路文戏基础不错，但他现在最突出的还是武生戏，我非常赞成，也很欣赏。我就希望他跟许多老师去学习，更全面地成长，这样才能对得起我的师父。"

奚中路喜欢在签名时把"路"字的最后一笔写得很长，似乎有种"路漫漫其修远兮，吾将上下而求索"之意。不难发现，他在艺术的奋斗之路上留下过很多足迹，也获得过很多的荣誉，对此他看得很淡。真正的艺术工作者，对名利、对喧嚣，甚至对大众保持适当的距离，小编认为这是一位艺术家从平凡走向卓越所必须具备的素养。这可能就是我们常说的孤独感。拥有孤独感的人不在多数，任何一位艺术家都应该有一定的孤独感，并要懂得欣赏这份孤独。在当今戏曲大环境下，也有这样孤独的艺术家存在。正所谓："古来圣贤多寂寞"，孤独和寂寞是一种品质，一种修养，坚守住这份孤寂，是艺术成功的奠基石。

简介

奚中路，上海京剧院武生名家，首届中国京剧优秀青年演员研究生班毕业生。师从黄元庆、张荣培、李可、茹元俊、苏德贵、厉慧良、梁斌、田中玉、李万春、欧阳中石等。并得到著名花脸表演艺术家贺永华先生的传授，学习《四平山》等剧目。代表剧目有《八大锤》《独木关》《小商河》《艳阳楼》《铁笼山》《挑滑车》等。其长靠功底厚实，腰腿功尤为过硬，身手矫健，集"勇、猛、冲、稳"于一体。以刚毅英俊的扮相和大将风范，深得观众的喜爱和追捧，被誉为"当今菊坛第一大武生"。曾获"京剧新剧目会演"优秀演员奖，上海京剧剧目（青年演员）大赛大奖。以《挑滑车》和《夜探浮山》两剧荣获全国梅兰芳金奖大赛金奖；第四届中国京剧艺术节武戏擂台赛金奖。被推荐为第二届"中国京剧之星"。

董圆圆访谈

采访撰稿：郑嫒文　李源远

采访背景

2016年9月30日，中国戏曲学院中国京剧优秀青年演员研究生班创建二十周年展演活动结束后，我们有幸邀请到国家京剧院三团的著名京剧演员董圆圆接受采访。当时她正在中国戏曲学院参加《艺术人生》节目录制，录制完成后，我们在剧场采访了她，现将访谈整理成稿以飨读者。

问：今天您参加青研班二十周年庆典活动，有何感想？能否谈一谈青研班的学习经历？

今天能够参加青研班二十周年庆典活动非常兴奋，好像回到了几十年前的那段学习时光。第一次到中国戏曲学院学习，是在1985年上大专班，在校学习了三年。第二次深造学习就是有幸参加青研班。

青研班对我来说，获益良多，在我一生艺术道路上是一个非常重要

的阶段。我特别要感谢两位老师，一是我的师父梅葆玖先生。刚入青研班时，师父就嘱咐我，在青研班要继续学习梅派、学演梅派；他又说，要想学好梅派，一定要学昆曲。我是按照师父的教导安排青研班的学习的，加大了昆曲的学习力度。在此之前，因为排《洛神赋》，我有幸跟昆曲艺术家张洵澎老师学习过。所以，到了青研班，我提出继续跟张洵澎老师学昆曲，学院提供了有利的学习条件，很快就联系到了张老师，因此我有机会向她学习昆曲经典剧目《游园惊梦》。

特别感恩的第二位老师，就是使我终身受益的杨秋玲恩师，在青研班，我跟她学习了她的经典剧目《杨门女将》。记得入青研班后，我跟梅葆玖先生商量，除了学演梅派戏外，能不能跟杨秋玲老师学《杨门女将》。我师父听完之后特别高兴，但也告诉我，杨老师七十多岁了，身体不太好，再让她教戏可能有难度，但可以试试。我随即向班主任张关正老师表达了自己的想法，张老师一听，连忙说："算了吧，圆圆，你打消这份念头吧，杨老师身体实在不好。"

后来，经不住我的软磨硬泡，张关正老师终于同意给秋玲老师打电话，打到她家里，杨老师不接电话。张老师又给我了杨老师家的地址，鼓励我登门拜访。到老师家后，我向老师当面恳求，可能是我的真诚与执着打动了杨老师。她同意教我了，我这才有幸学到《杨门女将》。所以，没有青研班的平台，我不可能学演这出戏，也不可能跟秋玲恩师有这样的缘分，也不可能在接下来跟国家京剧院三团有这样的缘分。所以说，青研班在我的艺术人生当中是至关重要的阶段。而且我们通过学习，也提升了各方各面的艺术素养，非常感谢青研班。

问：您这么迫切地想学习《杨门女将》，有什么特殊原因吗？

这得说到小时候，记得是1976年，我在天津大剧院看的第一出传统戏就是《杨门女将》，这出戏给我留下了太深刻的印象。当时我看得眼花缭乱，还不能完全感受到这出戏的美妙之处，只是觉得漂亮气派。杨秋玲老师演出的穆桂英印在了我的脑子里，从此就有了这样一个梦想，一定要学《杨门女将》，要演里面的穆桂英。

但一直没有向杨秋玲老师请教的机会，青研班是一个很好的平台，只要学员提出想学某出戏，学校都会尽量联系指导老师。因为有这样的机会，我才会登门拜访杨老师，她在身体不好的情况下教了我《杨门女将》。现在表演这出戏，也是对秋玲恩师的追思。我会尽全力将这出传统剧目学好、演好并继承下去。

问：《杨门女将》中，从寿堂到灵堂的转变，这个转折中最难把握的点在哪儿？

《杨门女将》这出戏，本身是一个经典的剧目，行当齐全、流派纷呈。这出戏是青衣演员的试金石——能看出演员是不是一个文武双全的大青衣。杨秋玲恩师她的样板在那里，她给我们塑造了这样一个堪称完美的穆桂英形象。穆桂英出来的时候是寿堂，那种欢快、喜气盈盈扑面而来。今天是丈夫的生辰，她非常快乐，忙前忙后。这里的表演，是要将喜悦心情表达出来。忽然间，听到这个噩耗——丈夫为国捐躯了。一下子，由大喜转为大悲，非常有戏剧性。这出戏表现了这位光辉女性的爱国情怀，同时还体现了她身上的母子情、夫妻情，这些都是要表现出来。通过穆桂英这个人物的唱、念、做、舞、打，随着故事情节的发展，将人物情绪推向极致，到后面，国仇家恨一起报。

　　第一场非常重要，由大喜到大悲，人物的情绪非常饱满。当时那种悲痛的心情，不能表现得过于直白，需要强忍着。她自己内心其实是非常之悲痛，但想哭的时候不敢哭，被婆婆拦住，因为要瞒着老太君。他们家的顶梁柱就是佘太君，如果佘太君塌了，这个家就完了。所以今天她要强忍着悲痛。这些人物的表演层次，在演出时一定要表现出来。

问：表现穆桂英这一巾帼英雄人物的传统剧目很多，同一个人物在不同戏中有何区别，如何表现？

我跟"穆桂英"很有缘分，学过很多穆桂英的戏。在戏曲学院读书的时候学习过《穆桂英大破洪州》。我也曾给梅兰芳大师音配像，配过《穆天王》。同时，也跟我师父学了《穆桂英挂帅》，跟杨秋玲恩师学了《杨门女将》，这些全是穆桂英的戏。

穆桂英这个人物很值得歌颂，是一位家喻户晓的巾帼英雄。这几出戏对于同一人物形象，却有不同的表现。表演时需要将不同的穆桂英形象，依据年龄、身份、时间和事件的不同，进行相应的调整，以有所区别。《穆柯寨》的穆桂英是一个和杨宗保恋爱的小姑娘，刀马花旦。《穆桂英大破天门阵》我们也可以用带有青衣成分的刀马花旦。但是，到了《杨门女将》，穆桂英已经是一个四十多岁的母亲。那个时候她是一个大青衣，但是也要带些刀马旦的成分，是一个青衣刀马，但不是武旦。戏的最后一场，杨秋玲老师一再强调，穆桂英杀人报仇的时候，心中怀恨，要借用点儿武旦的劲头。但绝对不是武旦，还是青衣刀马。

学习《穆桂英挂帅》的时候，师父对我说，这是梅兰芳大师晚年的经典之作。后来我也感慨：这真是一部伟大的作品，梅大师真是伟大！这出戏，人物分量最重，也最难演。演《杨门女将》，到报仇的时候可以开打，但是《穆桂英挂帅》中，不需要开打，梅大师运用锣经，就将人物的情感全部表现出来了。我师父告诉我，这出戏中穆桂英就是一个标准的青衣。但是演到"捧印"这场时，要让观众感觉穆桂英出征前的信心。虽然这是一出文戏，没有开打，但是人物性格中有刚韧的成分。所以说，梅派艺术美在于以外柔内刚的表演法度来丰满人物形象。

简介

董圆圆，国家京剧院三团优秀演员，梅
葆玖亲传弟子，工青衣。1975年考入天津市戏
校，1984年加入天津市青年京剧团，1985年考
入中国戏曲学院表演系，1990年移居香港加入
香港京剧团，1993年被推荐为首届"中国京剧
之星"，1995年拜梅葆玖为师，2001年获全国
京剧青年演员评比展演一等奖及第十八届中国
戏剧梅花奖，2002年考入第三届中国京剧优秀
青年演员研究生班，在此期间曾学习杨秋玲代
表作《杨门女将》。

董

圆

圆

访

谈

詹磊访谈

采访撰稿：张睿琦　张昆昆

采访背景

10月4号下午两点，《长坂坡 汉津口》在长安大戏院演出结束之后，我对老师发出了采访邀约。贴心的詹磊老师为了让我在采访中少跑一趟，不顾刚刚演出的劳累，主动找到了一个安静的谈话环境。这是我第一次见到詹磊老师本人，有一种见到邻家大哥哥的亲切感。而在他的言谈举止之间，散发着武生特有的英俊潇洒利落。采访过程中，最让我感动的，是他对武戏的那份坚守和对观众负责的态度。

问：看过您的箭衣戏《八大锤》，猴戏《闹天宫》，靠戏《长坂坡》，截然不同的三出武生戏，您在表演上如何把握这三个人物的？

武生戏无论是哪个行当、门类都有最基本的规范，区别主要看形体的一招一式、准确度和规范程度。《八大锤》是一出武生的箭衣戏，箭衣戏大多扮演的是王爷、公子哥这类的人物，《八大锤》中的陆文龙只有十六

岁，要演出他的稚气，却又不失他的勇。因为他的武艺高强，如果只有稚气没有勇的话，那他就根本上不了战场，所以说要通过形体的一招一式，来诠释人物稚气和勇敢。

再说说孙悟空，他的形象对于每一个人来说在心里的定位都不尽相同，包括对他的表演，比如塑造专属于美猴王的身段、规矩，演出起来可能就各不同。我觉得演孙悟空，要演出其聪明、智慧、胆大，体现出这种不怕天不怕地的勇敢精神和斗争精神。比如《闹天宫》，要演出他的一些自大，但又不失他的可爱。他在当时玩得高兴就行了，属于吃喝玩乐，没有什么压力，算是没事找事儿调皮捣蛋的这种类型。

长靠戏《长坂坡》中的赵云是家喻户晓的人物，要演出他的忠勇和智慧。赵云区分于别的武将不同点，在于他比较秀气、有分寸。这种分寸感很难拿捏，比如他见刘备，刘备喊他四弟，而他还是喊刘备主公，没有叫刘备大哥，这说明他还是有君臣之分。还有他的责任感，在这么乱的曹营里，安排他保护刘备的家眷，但他的处境自身难保，何来精力再去保护这些妇孺？这本身是一个负担，但他最终不辱使命，我觉得来源于两点，一是赵云武艺高强，可以说是在万马军中如入无人之境；二是他有责任感，是个有忠义感的人。

《长坂坡》是杨小楼大师的名作，他最早提出武戏文唱，意思是要用文戏的方法诠释人物，让人物有血有肉。一味地展现武打，不表现人物，和一味地展现程式，不够武戏的味儿，是两个极端，一个过热一个过冷，只有把这两个综合到一起，才是一个成熟的演员，这是我们需要努力追求做到的事情。杨老前辈以前说过要武戏文唱，不能武戏温唱。一出戏不能唱温了，武戏区别文戏的地方，是有开打之类的。如果最后把武戏变成文的了，看点是什么？现在连小孩都知道赵云七进七出救阿斗，如果演得和老弱残兵一样，那就没法看了。

问：拜师杨少春先生，对您艺术之路有什么影响？

武戏演员的黄金年龄段非常短，四十岁之前，有你这一号就站住了。但在这种情况下还想拜师有两个原因：一是我要对老师有一个交代。杨老师从1997年我十四岁的时候就开始看着我，如今我都三十三岁了，算是我对老师的一点感恩回报；二是要传承京剧武生的血脉，这是很关键的。对于传承的事，我认为一个人是完全不够的，需要很多人一起学习一起努力，包括我的师哥师弟，还有一些叫我老师的小孩，大家能记多少就记多少，每个人都要去记一些。而且要多跟老师学习，你一个人的天分条件可能是好的，但不见得老师教的都能吸收，比如说最多吸收了六十分，那剩下四十分怎么办？那就得通过向别的老师学习，这是一个不断充电和积累的过程。

每一位演员到一个程度之后都要有一个转变，要赋予角色生命力，这就是我们所说的塑造人物。同样是一个拉山膀，大一点性格就狂一点；小一点人物就柔弱一点，分寸感一定要掌握好。因为从小在北京学武生，这里有它土生土长的一些东西，我们在继承着。但是最近几年，老先生纷纷离去，很多戏没有留下任何影音资料，这对我们来说都是追悔莫及的事情。平时有可能他和你说一句话、半句话，哪怕是点拨你一句，虽然话难听点，当时甚至下不了台，但也因此令人印象深刻，对演员艺术成长有很大帮助。

问：您对京剧的现状有什么看法？

我们现在的实际情况是演员能力普遍下降，缺乏责任心。最近青研班的演出我认为是个特好的机会，天天都会带着我母亲来长安大戏院看戏，国家京剧院的、北京京剧院的都看了，给我最大的感受就是前辈也好，同龄也好，他们都在努力，这是件很欣慰的事。尽管不能避免的是京剧在退化，但京剧演员在解决自身生存问题的同时，还是应该要有事业心。举个例子，就拿上海译制片配音演员来说，那个时候多么盛况空前，一提到佐罗，人尽皆知，但现在上译厂在逐渐地没落，我觉得就是因为没有了那批用心血去浇灌这个艺术行业的人，大家只是把它当作吃饭的工具。

我觉得对观众就好比用心去交朋友，我用心对你，把整颗心都掏给你，哪怕再封闭的人多少都会有一丝感动吧。如果你每次都糊弄他，到剧场来了你随便弄两下，以这种心态他怎么会用心去交你这个朋友呢？同时有些观众也让我特别感动。我去年办专场的时候，有一个老太太，可能比我妈大，我得叫大妈，她是捡破烂的，用捡破烂的钱买了一只用纸包的烤鸭，给我拿过来了，说我太累了要补充体力。我三十多岁的岁数了，让我当场哭我可能哭不出来，但是我心里会有一种化学反应，我会觉得为这个人或者是为这样的人演出，我愿意全力以赴。你说责任是什么？就是你该做的。

我非常佩服我们院的院长，不是老王卖瓜自卖自夸，他这么多年为了京剧演员出谋划策想主意，真的是很不容易。现在的京剧市场很难，北京京剧院几大头牌拴在一块，往往最好的情况是上六成座，这是现在的实际情况，所以我觉得比我岁数年长的，人家有妻儿老小的情况下还在努力地演出，比如于魁智老师、李胜素老师演的《红鬃烈马》，都这个岁数了，还在全心全意一心扑在京剧上，他们压力很重，但都在坚持着。我们是后备军，我们已经感觉肩上的压力很重了，再不用心演，这行儿就完了，就没了。所以每次演出我就能做到的就是珍惜，珍惜能给观众的一点触动，让他觉得这票花得还值，觉得詹磊还可以。

问：您觉得进入到青研班学习之后对您以后的艺术之路有什么重要的影响呢？

我觉得更深入了，这是一个必经之路。有这个机会去深造，对我来说，是一个很幸运的事儿，让我踏踏实实地对艺术进一步钻研理解，非常难得。而且研究生班背靠中国戏曲学院，是培养优秀戏曲青年人才的一个

顶尖学府，也是成为这个时代的优秀青年演员的一个标志。

　　研究生班无论是毕业了也好，没毕业也罢，你说得了奖你上研究生，有多少文化课是我们能记住的，一个学期有三门到四门，为什么要上？上了之后很多东西并不能完全用得上，但是这些东西真的是一些积淀和积累，这种东西和酒一样，通过时间会慢慢地发酵，慢慢地会对自己产生影响。我有时候也会想，这个人物我要演得丰满一些，要吃透一些，这些都是方法。并不是说学文化课用不上，那些思想那些概论，其实是对我们思维方式的影响，会让我们思考，这种思考是潜移默化的，要学以致用。我原来不理解，现在理解，是为了更加深造自己，为了自己有更大的空间去学习。

简介

　　詹磊，北京京剧院优秀青年武生演员、"青年领军"，第五届中国优秀青年演员研究生班研究生。出生于梨园世家，自幼受家庭熏陶，对京剧极为喜爱。他选择了难度极强的武生行当，年纪很小时便已粉墨登台。1994年至2001年在北京市戏曲学校学习。2002年至2006年在中国戏曲学院表演系学习，在校期间先后向杨少春、王代成、李金声、钱荣顺、刘福生、韩增祥、张启忠、周龙、马玉璋、辛雨歌、关世振、张启忠、刘景奎、朱金贵、张善麟、马幼年老师学戏。擅演剧目有《三岔口》《战马超》《卧虎沟》《一箭仇》《三打祝家庄》《恶虎村》《雁荡山》《八大锤》《界牌关》《截江夺斗》《龙潭鲍骆》《闹天宫》《十八罗汉斗悟空》等。2004年在上海获武戏擂台赛表演奖。2005

詹磊访谈

年获中央电视台青年京剧演员大赛武生组银奖，2008年获得CCTV电视大赛金奖。2007年获深见杯武戏武打比赛最佳表演奖。2011年8月"魅力春天"青年京剧演员（北京）擂台邀请赛武生组擂主。2011年11月"魅力春天"青年演员擂台赛（武戏）擂台赛擂主。

徐孟珂访谈

采访撰稿：张昆昆　齐　鹏

采访背景

如果说"生旦净丑"行当齐全才是一出完整的大戏，那么丑角就是其中的一缕幽默亮色。来自国家京剧院的青年演员徐孟珂，凭借其堪称一流的功力和舞台表现力，得到了许多老一辈艺术家的重视，更赢得了广大戏迷观众的赞誉。孙正阳先生曾称道："小徐基本功规范，舞台表演有光彩，我们丑行的矮子功很吃功夫，他有独到之处，运用自如。"能得到自己恩师的如此评价，可见其才之高，其艺之绝。恰逢中国戏曲学院青研班创办二十周年，作为第三届青研班毕业生的徐孟珂，10月4日下午欣然接受了母校戏曲评论中心的采访。

问：此次青研班的庆典演出中，您在《锁麟囊》中饰演梅香，看您之前的资料，您也饰演过碧玉，这两个完全不同的人物您在塑造的时候是如何把握的？

梅香是一个社会底层人物，又是一个女性角色，要抓住她的朴实以及

劳动人民所特有的行为举止。更多的是要遵循以传统丑行彩旦的表演方式为准，并在这个基础上加以女性化。梅香和后面上场的碧玉，我认为是两种完全不同的形象。虽然都是佣人，但梅香是从小跟着薛湘灵成长的，一直在伺候薛湘灵长大的，所以她们既是主仆，又似姐妹。所以在薛湘灵的问题处理上，梅香可以发表自己的观点。而碧玉并不是从小在赵家伺候的，赵家起初是穷的，是后来富起来之后招进来的佣人。碧玉做事，谨小慎微，用现在的话说就是她时刻都有危机感，因为随时都会下岗。从长相上看，梅香如果是丑的话，薛湘灵也不会喜欢的，所以梅香的化装要稍微俊扮一点。碧玉应该是丑的，装扮上就不一样，进而到性格上也就不一样。

问：您此次还在《武则天轶事》中饰演骆宾王，您是如何把握的？您如何把传统程式运用到新编戏中？

众所周知，骆宾王是初唐四杰之一，所以他在这出戏里是一个文人形象。骆宾王最初是一个反面角色，当他发现错误之后，察觉情况与自己的初衷不一样，他就产生了心理上的很多变化，直到最后道出了叛变者的阴谋诡计，也就是说骆宾王是一个有底线、有傲骨的文人。在这出戏的艺术处理上，我更多地借鉴了衰派老生加老丑综合的特点。因为这是一部新编历史剧，这个人物形象在传统戏上没有什么可借鉴的，所以我加了一些现代的元素。在念白的语气上，我寻求的是音域要宽厚，因为他毕竟是老者了，要有一种老者的风范，而且要加一点仙风道骨的感觉。

手眼身法步的程式是至关重要的，也是我们戏曲人要时刻把握好的。唱念做打是表演手段，它本身没有生命，只有把这些化到人物中，才能发挥它的价值。骆宾王，我刚才解释他的音域和念白，肯定是知识分子的念白，一般都是用韵白来表现。在念白和音域上一定要用宽厚的中音甚至低音来体现他的苍老。在表演上，尤其是台步上要更多借鉴丑行老丑的脚步，加上一些老生的步法，加以融合。

这就让我想起了我在研究生班学习的时候，钮骠老师提到的萧长华先生塑造的蒋干这个角色。在萧老之前也有若干位老先生演蒋干，但那样的表演是为了突出喜剧效果，为了突出剧场效果，但并不符合人物。萧老把苏白，再加上小生的念白，并融以丑行的念白，形成了一种蒋干特有的念白，真正使蒋干这个人物在《群英会》里立住，这也成为了我们丑行的必修剧目之一。因此我在创作骆宾王这个人物形象的时候，也借鉴了这种创作方式，以丑行为基础，加以生行的表演特色，形成了一种我自己的骆宾王的表演方式。

问：您认为文武丑双全的优秀青年演员应该具备哪些素质？

　　文戏、武戏，只要是丑行的戏我都喜欢。首先是对一个事物产生兴趣，你才喜欢琢磨它。文戏的话，我会向钮骠老师、孙正阳老师、寇春华老师、郑岩老师、马增寿老师学习，包括一些昆曲界的老师，我都向他们学习并吸收他们在舞台上高超的演技和舞台上的表演艺术。武丑老师，那就更不用说了，我在研究生班的时候，向张春华老师学习了《连环套》《三盗令》等折子戏，以及一些大型的戏。通过学习这些戏之后，的确是丰富了我的艺术，开阔了我的视野。不敢说都做到了，但是我想到了，想到后就有探索的可能。现在纵观京剧丑行文和武，文丑从萧老开始，萧老的嫡传弟子钮骠老师，这是北方的，还有南方的孙正阳老师、艾世菊老师，以南方丑为代表，还有以昆丑为代表的刘异龙老师，多方的汲取丑行的养分。南方的丑行，是一种在核桃或者枣核里微雕，表演上更加细腻、工整；北方是大镲子、大板子，有帝王之气。我现在想做的就是融合南北的长处，既有大气，又有细腻。就像老话说的让表演"经琢磨"。武丑方面向张春华先生学了很多戏，让我领悟到"叶派"丑的表演风格，在舞台上演出其他戏，我要加以借鉴，我从诸位老师身上汲取了戏曲文和武的丑行表演特色。

问：我也看过您导演的戏《浮士德》。您最近也正在排《党的女儿》，从演员到导演您有什么体会？新编戏如何发展创新？

《浮士德》是我们国家京剧院和意大利艾米莉亚罗马涅剧院基金会联合制作的实验京剧，由中方导演和德方导演共同打造。通过这出戏，我也学到了西方表演特色。西方的表演方式更直白，中国戏曲则是欲前先后，欲左先右，不是直截了当，我觉得咱们的表演更有味道。如果在这种有味道的前提下，再加以直观的表演方式，比如亮相、出场，舞台调度，借鉴西方的表演样式，也更符合现代观众的欣赏习

惯。这也是我们需要反思问题：我们的一些艺术样式以前的观众是可以接受，现在的观众眼界知识层面，要比以前开阔很多，我们要更符合现代观众的欣赏习惯，中西结合的方式是以后京剧发展方向，不能说是全部，只能是一个方向。

《党的女儿》我们做了新的处理方式，让它更人性化，以前排类似的题材都要突出主人公，要高大全。但是根据现在观众的欣赏水平、思维方

式，我觉得更多地要突出人性。首先就像习主席说的：你入党的初衷是什么？你所从事的工作初衷是什么？认清初衷，不忘初心，才能坚定信念。让现代的观众看完觉得这出戏更多的，不单单认为我党的伟大，今天的生活来之不易，更多的是看了之后，反思自己，如果我是共产党员，我当初入党的目的是什么？以便将来工作和生活找准方向。

问：现代社会的戏曲发展需要创新，您认为京剧该如何适应传统与现代两种文化状态？

就我个人而言，我肯定是希望戏曲事业越来越繁荣昌盛。要做到这一点，关键的是要了解观众。说个不太贴切的话，有很多戏都是把观众请到剧场里来，请到剧场里来是可以的，那之后呢？后续的就断了，这样显得中国戏曲越来越不值钱，请观众进来看戏只是为了试看。要在试看的过程中让观众对戏曲产生足够的兴趣，是需要下功夫的。怎么做到让观众今天来看了，明天还想再来看？

第一，演员的技术、剧本的水平，是否能够吸引你。其次是包装。现在有很多传媒公司，我们要借鉴他们的理念，不能够保守。戏曲要向那些打造明星、影星的公司去学习和借鉴。因为戏曲是角儿的艺术，你得把角儿捧出来，观众才来看。打个比方，一个年轻京剧演员来演《贵妃醉酒》的票房，跟突然请范冰冰过来演《贵妃醉酒》的票房肯定不一样。为什么会这样，因为知名度。怎么增加知名度？这就需要去做功课了。

梅先生曾经说过一句话："移步不换形。"我们要保证皮黄、厚底、水袖，靠，各种唱念做打的前提下，要把这个重新包装。我们可以用两条腿走路，一条是纯传统的艺术，怎么传统怎么来，这是必须要保证的，这是我们的根本；另一条就是创新，但这个创新不是创到邪乎，创到月球上去，连家门也找不到。我在导《浮士德》的时候说过："新从旧中来。"什么事都要找根，我们依据是什么？我们有依据，我们可以适当加以夸张，加以符合现代观众的欣赏习惯。戏曲唱念做打已经很丰富了，其实现代观众更多要求的是剧本内容，故事的内涵。以前是听戏，对演员的表演没有太大要求。后来到看戏，我希望以后是聊戏，大家看戏之后，能当成一个话题去讨论。

现在的许多年轻观众连韵白都听不懂了，怎么让他进剧场来看戏。就像给小学生一下子说《荷塘月色》，他可能听不懂，你得跟他说鹅鹅鹅曲项向天歌。步子得慢慢来。这让我想到了我们的京剧走进校园，昨晚演出结束，在地铁上遇到一个戏迷，他说在京剧进校园的演出后，喜欢上看京剧。我们是否可以再拓展一下，通过网络媒介、广发说明书、广发传单，让大家去关注和了解戏曲。

京剧有一种魔力，你一旦喜欢上了就像上了瘾，再也离不开了。这些东西源于我们中华民族的骨髓里，所以一旦唤起他们的意识，他们就毫不吝惜地喜爱它。希望未来可以走到这一步。

问：今年是青研班的二十周年，也是第六届青研班的毕业演出季，对正在成长的青年京剧演员有什么样的发展建议呢？

青研班对我来说是一个人生的转折点，对我的艺术观、人生观都起了决定因素。我当时在上海京剧院，第一届和第二届有很多学员都是来自于上海京剧院，他们上完学回到团里之后，艺术见地有了很大的提高，我就

开始向往了。对于一个从艺者来说，希望自己的事业要广，只有来北京学习，青研班是一个非常好的机会。我2001年参加完中央电视台的大赛以后，也许是我的表现引起了老师们的关注。就这么一拍即合，我考入了青研班。

在青研班学到了很多：青研班的同学相互有爱、相互帮衬，京剧界的老传统一棵菜精神。再加上我之前的班主任张官正老师，对每一位学生对症下药，他会找每一位学生谈这学期你想学什

么。他是一个很好的老师，我跟他学了很多各方面的知识。我对于青研班，除了感恩就是感恩。

对于未来青研班，我的期望是学，往死里学，学最传统、最根本的戏曲艺术以及理论。并要把这些最根本、最传统的艺术化到自己的表演创作中。要死学，但要活用。现在的艺术从业者，是一个杂家，不仅要知古还要明今，要了解当下的观众欣赏习惯，这样在不久的将来就会成为中坚力量。

简介

徐孟珂，男，中国国家京剧院国家一级演员，工文武丑。生于1977年，祖籍天津。1990年，十四岁的徐孟珂进入江苏省戏剧学校。1997年，二十岁的他进入江苏省京剧院，一年后进入上海京剧院，2001年荣获全国青年京剧演员电视大赛优秀表演奖。2003年，徐孟珂调入国家京剧院。江苏戏校期间，徐孟珂师从季鸿奎、郑维金老师学艺，出科后问艺魏承武。到上海以后又向艾世菊习艺，先后拜孙正阳、钮骠两位艺术家为师。2001年入中国戏曲学院"青研班"深造，师从钮骠、张春华、寇春华、郑岩、马增寿等。徐孟珂文武兼备、口齿伶俐、幽默诙谐，尤以矮子功甩发功见长。中央电视台第四届全国青京赛表演奖得主。导演并演出过《钗头凤》《霍小玉》《卓文君》《浮士德》《党的女儿》等剧目。2014年至2016年参加中央电视台春节联欢晚会戏曲组导演工作，2014年至2015年担任两届北京国际电影节闭幕式导演工作。在上海、天津、山东、江苏、浙江等全国多所大学进行京剧知识讲座，并在韩国、澳大利亚、巴西、美国等国进行京剧知识普及讲座和表演。